Neuvy=S^t=Sépulcre

○ ○ ○

Les Gloires de son passé

○ ○ ○

La Basilique

Le Cardinal Eudes

La Relique du Précieux-Sang

BOURGES

IMPRIMERIE VEUVE TARDY-PIGELET ET FILS

15, RUE JOYEUSE

1920

A. PIÉTU

Neuvy-St-Sépulcre

⊙ ⊙ ⊙

Les Gloires de son passé

⊙ ⊙ ⊙

La Basilique

Le Cardinal Eudes

La Relique du Précieux-Sang

BOURGES

IMPRIMERIE VEUVE TARDY-PIGELET ET FILS

15, RUE JOYEUSE

—

1920

AVANT-PROPOS

CE livre est en somme un triptyque, où l'on a essayé de grouper logiquement les documents que l'on a pu recueillir sur Neuvy-Saint-Sépulcre, sur le Cardinal Eudes et sur la Relique du Précieux-Sang. S'il a été entrepris, c'est pour répondre au vœu mille fois exprimé des paroissiens et des pèlerins. Il a été écrit à bâtons rompus, au milieu des travaux d'un ministère très absorbant, et il doit forcément se ressentir des nombreuses préoccupations étrangères qui en ont traversé l'exécution.

Nous remplissons un devoir très doux en remerciant ceux qui nous ont aidé dans cette tâche ; spécialement ceux qui ont bien voulu recopier pour nous les manuscrits de la Bibliothèque Nationale, et nous ont ainsi procuré, sur le Cardinal Eudes en particulier, des notes inédites.

Tel qu'il est, puisse ce travail, tourner à la gloire du divin Maître, en ravivant dans les âmes la dévotion à son Sang rédempteur, et traduire notre reconnaissance envers le grand Cardinal, qui en a déposé la Relique vénérée dans le Saint-Sépulcre de notre Bas-Berry ! A. P.

LETTRE DE SA GRANDEUR MGR IZART
Archevêque de Bourges
A L'AUTEUR.

Bourges, le 7 novembre 1919.

CHER MONSIEUR LE DOYEN,

Je viens de lire les belles pages que vous consacrez à Neuvy, au Cardinal Eudes, et à la sainte Relique du Précieux-Sang, qui est la gloire de votre paroisse et de mon diocèse tout entier.

Au charme d'un style toujours élégant, dont ne s'étonnera aucun de ceux qui vous connaissent, vous ajoutez les leçons les plus opportunes, bien faites pour éclairer et pour édifier. Soit que votre plume venge le Moyen-Age dont le génie et la foi ont enfanté ces chefs-d'œuvre incomparables que sont nos cathédrales, et dont le diocèse de Bourges plus que d'autres a le droit de s'enorgueillir ; soit que vous dressiez un piédestal à la noble figure du Cardinal Eudes, conseiller des Papes et de notre grand saint Louis ; soit que vous condensiez en quelques pages lumineuses la doctrine théologique sur le Sang rédempteur, partout vous vous montrez égal à votre sujet.

Les historiens pourront-ils jamais ravir à Neuvy l'honneur d'avoir donné le jour à l'un des personnages les plus célèbres du XIIIe siècle ? Certains l'ont essayé. Avec le plus grand nombre, dont la logique me paraît triomphante, vous faites vôtre le grand Cardinal, et vous vous y employez avec un zèle et une compétence dont je ne saurais assez vous louer.

Puissent vos pages, si pleines d'enseignements et d'attraits, avoir beaucoup de lecteurs ! C'est le vœu que je forme en vous bénissant et en vous félicitant.

† MARTIN,
Archevêque de Bourges.

LETTRE-DÉDICACE

A Sa Grandeur Monseigneur IZART
Archevêque de Bourges

Monseigneur,

Ce livre est vôtre à bien des titres ; permettez-moi donc de le déposer filialement aux pieds de Votre Grandeur.

Il est vôtre d'abord parce que vous l'avez encouragé et béni, ainsi que l'atteste la belle Lettre-Préface, si bienveillante et si paternelle, que vous avez daigné m'adresser.

Il est vôtre à un autre titre encore ; parce qu'au milieu de nous vous êtes l'Évêque, c'est-à-dire le Représentant authentique et, pour ainsi parler, le Sacrement vivant du Christ éternel. A vous la fonction divine de répandre, sur la portion du troupeau confiée à votre sollicitude pastorale, les bienfaits et les mérites de son Sang, principe unique et source jaillissante de toute lumière, de toute chaleur, de toute vie, dans l'ordre surnaturel.

Il était donc juste, Monseigneur, que ce travail, destiné en somme à glorifier le Sang du Sauveur, vous fût dédié.

La doctrine de ce Sang rédempteur, ne l'avez-vous pas exposée, récemment encore, dans des pages dont la richesse théologique égale la beauté littéraire ?

La vérité révélée que ce Sang précieux a scellée de son irrécusable témoignage, ne s'exprime-t-elle pas sur vos lèvres, pour l'instruction et l'édification de votre peuple, en des paroles d'une merveilleuse et tout apostolique éloquence ?

La vertu de ce Sang généreux ne coule-t-elle pas à flots de vos mains consacrées ?

Ainsi, dans les énergies et les grâces que charrie ce Sang dont vous êtes le dépositaire, vous apportez au travail de reconstruction nationale qu'il s'agit de mener à bonne fin après tant d'épreuves, le seul élément qui soit capable d'en assurer le succès. Car si l'on veut que la cité de demain soit solide et durable, il ne suffit pas de jeter de l'or, ni même de la sueur, dans les fondations. Il y a Quelqu'un qui doit en être la « Pierre angulaire » et dont le Sang doit en cimenter les assises.

Puisse donc cet humble hommage traduire simplement, Monseigneur, la reconnaissance qui est due à Votre Grandeur, pour un ministère dont l'action admirablement féconde, est, suivant votre noble devise, utilisée tout entière au service des âmes, afin de procurer la gloire de Celui qui les a rachetées au prix de son Sang !

A. P.

NEUVY-SAINT-SÉPULCRE

Il existe ici-bas, parmi l'immense banalité profane, des endroits privilégiés, des lieux-saints, véritables « *Bethels* ou maisons de Dieu », pour parler comme le vieux patriarche, qui suggèrent à l'âme une irrésistible émotion religieuse, parce que la divine présence s'y fait plus voisine, plus sensible plus pénétrante, et que la grâce d'En-Haut, s'y répand avec plus d'abondance et plus d'onction qu'ailleurs. Neuvy-Saint-Sépulcre est un de ces lieux-saints du Berry. C'est une petite ville élégante, construite dans le fond d'une vallée autrefois marécageuse, sur les bords de la Bouzanne. Cette jolie rivière, enguirlandée pendant la belle saison d'une verdure luxuriante qui s'accroche aux sinuosités de ses bords, a toutes les allures d'un torrent. Elle en a la marche rapide et désordonnée. Que de détours capricieux, depuis Aigurande où elle prend sa source, jusqu'à l'endroit où elle rejoint la Creuse, après avoir recueilli au passage le tribut des nombreux ruisseaux qui lui servent d'affluents ! Elle en a les sautes soudaines et imprévues. L'été, il n'est pas rare que son lit soit presque à sec, mais vienne une pluie d'orage, tout-à-coup ses rives tumultueuses s'emplissent d'une eau jaune ; elle s'enfle, bondit, déborde. Les habitants de Neuvy ne connaissent que trop ses méfaits !

Ils ne s'en éloignent pas cependant. Leurs maisons s'alignent tout autour, en des rues claires. Ce sont des demeures accueillantes et paisibles, comme ceux qui les habitent. Hélas, la plupart aujourd'hui sont assombries par les deuils de la guerre ! Nulle part le luxe ne s'y étale, mais partout l'aisance aimable y sourit, fruit du travail, de l'économie, et de la fécondité du sol. Neuvy se trouve en effet dans cette Limagne du Bas-Berry qui est une des parties les plus fertiles du Centre. Le blé murit dans ses vastes plaines, la vigne grimpe aux flancs de ses coteaux calcaires, l'herbe pousse drue et savoureuse dans ses grasses prairies. La région, coupée de haies vives, est encore boisée comme un bocage ; et les richesses du terrain sont telles que l'intensité de la végétation et la vigueur de la sève communiquent aux feuilles cette teinte vert-sombre qui justifie le nom de « Vallée-Noire » donné par George Sand à toute cette contrée. Nous sommes loin ici des plantes anémiques, aux couleurs pâles !

En aucun pays la terre n'est plus attachante. On dirait vraiment qu'elle a, dans ces campagnes berrichonnes, un visage humain et maternel. Ce n'est pas l'aspect imposant, mais dur et sauvage des environs d'Argenton, avec ces rochers qui se heurtent sur tout le parcours de la Creuse et qui semblent avoir gardé, dans leur attitude hostile, la trace des luttes et des convulsions dont les soubresauts les ont ainsi dressés et jetés les uns contre les autres. C'est un paysage très doux, aux vastes horizons limpides, dont le charme, nuancé de mélancolie, s'exprime dans les mouvements gracieux de ces collines qui ondulent, dans les lignes harmonieuses de ces pentes qui s'infléchissent, dans la silencieuse et inépuisable fécondité de cette terre qui travaille et produit, dans le pas allongé et rythmé de ces bœufs qui traînent la charrue, et dans ces mélopées plaintives et lentes que « briolent » les laboureurs et qui semblent être le chant de cette nature rêveuse, pensive, recueillie. Une telle poésie ne se révèle pas au premier choc, elle ne se livre que dans l'intimité. Mais, quand on l'a comprise, elle émeut l'âme à une profondeur et avec une plénitude que peu d'autres sensations atteignent. Cette impression, faite de force, de suavité et de calme, est du reste de qualité religieuse. D'elle-même, dès qu'elle essaye de se traduire, elle s'achève en prière.

On a toujours été frappé en effet du sentiment religieux de cette population. Alors que presque partout, aux alentours, le granit de la vieille foi a été entamé par l'acide corrosif des objections et des doutes ; ici il est resté à peu près intact. La plupart des paysans demeurent fidèles aux pratiques chrétiennes. Quant aux ouvriers de la ville, si plusieurs manifestent de l'indifférence, nul ne témoigne de l'hostilité. Tous sont respectueux, tolérants, plutôt favorables. D'ailleurs l'étincelle endormie sous cette cendre d'indifférence se réveille au dernier moment. Très peu meurent sans appeler le prêtre.

Et l'on est émerveillé souvent de voir comment certaines âmes simples et frustes ont été affinées par de longues hérédités de foi. Sous une rude écorce, quels trésors de bonté, de délicatesse, de dévouement, de noble courage, elles recèlent ! L'expérience de cette terrible guerre les a du reste révélés à l'univers entier ; car ce sont bien ces immenses réserves de haute moralité accumulées par vingt générations de croyants, qui ont permis à la France de tenir sous les coups de la plus redoutable des épreuves. Comme ils sont donc coupables ceux qui, par leur propagande impie, s'acharnent à en tarir et à déssécher la source ! Comme ils sont criminels ceux qui, en arrachant à l'âme populaire toute croyance, toute foi, la privent de ce point d'appui dans l'absolu, qui permet, même aux plus humbles, de s'élever aux plus nobles transfigurations morales, et l'abandonnent ainsi, sans secours, sur les bords des précipices, au vertige de ses passions !

La Basilique du Saint-Sépulcre de Neuvy

Si la paroisse de Neuvy échappa mieux que beaucoup d'autres à ces entreprises de perdition, c'est par son église qu'elle fut préservée.

Cette influence bienfaisante de l'Église, principe de vie spirituelle, se manifeste sans doute partout où s'étend son ombre tutélaire ; ici, plus encore qu'ailleurs.

On peut dire que la fonction historique de cellule-mère qu'elle exerce dans l'organisme de nos agglomérations urbaines ou rurales ne s'affirme nulle part avec plus d'évidence. Neuvy en somme doit tout à son église. C'est son église qui lui a valu son nom magique, évoquant aux regards étonnés la grande image du Saint-Sépulcre. C'est son église, splendide Reliquaire du Précieux-Sang, qui lui a donné d'être proclamée par les foules « la Jérusalem de France ». C'est son Église enfin qui lui a imprimé ce caractère de ville sainte que nous avons signalé.

Un pareil monument mérite qu'on s'y arrête. Ce dôme, cette coupole ornée d'une

VUE EXTÉRIEURE
DE LA BASILIQUE DU SAINT-SÉPULCRE
DE NEUVY

galerie circulaire, d'aussi loin qu'on l'aperçoive, sur toutes les routes oui y aboutissent, présente une vision d'Orient. L'éclat
du ciel et la transparence de l'air manquent
cependant pour achever l'illusion. Néanmoins
l'édifice, au lieu d'être couronné d'une
croix, serait surmonté d'un croissant, il
ressemblerait à une mosquée. Comment
cette fleur d'architecture byzantine, presque
unique en France, a-t-elle pu éclore ici ?
Voici ce que raconte la légende ou l'histoire.
Vers l'an 1040, Geoffroy, vicomte de Bourges,
rapporte M. de Raynal, ayant tué dans un
duel, au siège de Châteauneuf-sur-Cher,
son cousin Eudes, fils de Eudes de Déols,
fonda en expiation de son crime sur la
terre appartenant alors à son parent, Bozon,
seigneur de Cluis, une église à laquelle
fut donnée la forme du Saint-Sépulcre
de Jérusalem. Il faut croire que cette construction fit quelque bruit, car elle est relatée
par cinq chroniques ; celle de Limoges,
celle d'Angers, celle de Tours, celle d'Autun ;
et aucune ne manque de mentionner l'intention qu'a eue le fondateur de reproduire le
modèle du Saint-Sépulcre : « *Fundata est ad*

formam sancti sepulcri hyerosolymitani » [1].

De son côté M. l'abbé Trumeau, alors curé de Saint-Christophe de Châteauroux, et originaire de Neuvy, qui fit le pèlerinage de Terre-Sainte en 1855, écrivait en 1860 à M. l'abbé Caillaud, vicaire général : « Une ressemblance frappante existe entre l'église du Saint-Sépulcre de Jérusalem et celle de Neuvy. Les deux rotondes accusent le même plan, et le grand chœur des Grecs est une image assez exacte par sa position et son architecture plus moderne de la nef principale de l'église de Neuvy. »

Que l'on ait voulu à Neuvy imiter Jérusalem, l'architecture comme l'Histoire s'accordent à nous l'attester. On connaît en effet la coupe schématique de la construction byzantine ; un dôme central, porté à l'intérieur par une rangée circulaire de colonnes et entouré d'une ou de plusieurs rotondes. Tel est le dessin de Sainte-Sophie de Constantinople, qui demeure à la fois le type et le chef-d'œuvre du genre. Tel est le plan réalisé dans la coupole de cet entassement

1. Cf. Caillaud, Notice sur le Précieux Sang de Neuvy, pages 73 et 74.

de bâtisses de tous les âges, de tous les
styles et de tous les niveaux, qui forment
la Basilique de Jérusalem. Il se retrouve
également à Neuvy. Nous savons d'autre
part que la pensée, non seulement de copier
mais de transporter Jérusalem à Neuvy,
fut en quelque sorte le tourment de nos pères !
Les traditions locales ne nous rapportent-
elles pas qu'on amena ici des sacs de terre
prise au Calvaire, pour être jetées dans les
fondations de notre coupole ? Ainsi Neuvy
devenait vraiment une terre sainte, au point
que de tout côté on demandait à y être
enterré ; et que les pierres qui pavent l'église
ne sont paraît-il, que des dalles funéraires.
Dès l'an 1079 elle était du reste rattachée
à Jérusalem, comme le prouve une lettre
adressée, le 28 juin de cette année, par le
Pape Grégoire VII, à Bozon, seigneur
de Cluis [1]. « Nous avons confié à Simon,
notre clerc, dit le Souverain Pontife, l'église
de Neuvy Saint-Sépulcre, qui appartient
à l'Église de Jérusalem, et lui paye un cens. »

Cette construction du reste n'était pas
sans analogue à l'époque. Il y avait eu sur

1. Cité par Caillaud, page 86.

notre sol toute une végétation de saints-
sépulcres, nés de la sève de la piété française,
alors que tous les regards et toutes les pensées
étaient, en ce temps de croisades, orientés
vers Jérusalem. Certain évêque de Limoges
en avait bâti dix pour son compte. La
plupart de ces monuments ont été détruits.
Le nôtre est un des rares échantillons de
cette flore architecturale aujourd'hui à
peu près disparue.

Qu'une telle dévotion du reste se soit
soit manifestée avec une aussi grande
ferveur au centre, et l'on peut dire au cœur
de la France, il y a là une disposition provi-
dentielle dont on ne peut manquer d'être
frappé. Cependant vouloir retrouver dans
la nef juxtaposée à la coupole de Neuvy
un équivalent du chœur des Grecs, c'est,
croyons-nous, pure fantaisie. En réalité,
il s'agit de deux édifices distincts et dissem-
blables, d'époques et de styles différents ;
la nef, ou tout au moins une partie de la
nef, paraît la plus ancienne. Et ils semblent
avoir été primitivement indépendants et
n'avoir fini par se rejoindre et se souder
que plus tard. L'impression en est sensible

au premier coup d'œil. Les axes ne sont pas dans le prolongement l'un de l'autre, la ligne se brise au point de jonction, suivant un angle très nettement accusé. Et que l'on n'objecte pas que cette inclinaison, image de l'inclinaison de la tête de Notre-Seigneur, au moment de sa mort sur la croix, se retrouve dans la plupart des vieux sanctuaires ! Nous acceptons bien volontiers cette théorie de l'*inclinato capite*, que je ne sais quel laïcisme de mauvais aloi, dénaturant le sens et méconnaissant l'intention de nos églises, a essayé de combattre, pour expliquer, par une simple gaucherie d'exécution, la déviation remarquée un peu partout. Comme si les incomparables artistes du Moyen-Age, qui ont produit tant de chefs-d'œuvre, eussent été incapables de tracer une ligne droite ! Mais vraiment l'*inclinato capite* ne saurait être invoqué ici, à propos de deux monuments qu'aucun lien de parenté ne rapproche et qui ont tout l'air de s'être rencontrés par hasard, pour faire l'ensemble le moins homogène que l'on puisse voir.

La Nef

Il faut les étudier séparément. Commençons par ce que nous sommes convenus d'appeler la nef, et tâchons d'en déchiffrer l'énigme, c'est peut-être la partie la plus intéressante pour le chercheur. Elle comprend trois couloirs parallèles, séparés par deux colonnades, communiquant d'un côté avec la coupole par de larges arcades ouvertes, et terminées de l'autre, par le mur plat qui ferme le chœur.

Quand on y pénètre, on est déconcerté, étourdi, par la vision de tumulte et de chaos, qui se présente. Que signifie cet enchevêtrement de lignes qui se coupent en tout sens ? cette chevauchée d'arcs et de colonnes qui se heurtent, s'enjambent, se cabrent les uns contre les autres ? On a besoin de quelque temps pour s'y reconnaître. Mais peu à peu, sous l'effort de la réflexion, le jour se fait; et l'on découvre, dans l'étrange amoncellement de pierres, qui, au premier abord, paraissait inintilligible, deux et peut-être trois alluvions superposées, chacune gardant la trace du siècle où elle s'est produite, de telle façon qu'on peut suivre dans l'église de Neuvy tout le progrès de l'architecture française, depuis les tâtonnements du début, jusqu'à son épanouissement. Et voici comment il semble qu'on doive l'interpréter. Vers le milieu du xie siècle, alors que la population de Neuvy se réduisait à quelques pauvres familles disséminées parmi les bois et les marécages, dans de misérables cabanes bâties en pisé et couvertes de chaume, on construisait un sanctuaire de forme à peu près carrée, comprenant seulement les trois arcatures romanes de la nef principale et les deux nefs latérales. Cet édifice s'arrêtait vraisemblablement à la ligne actuelle du chœur d'une part, et de l'autre un peu avant d'arriver à la coupole. Pas de voûte, à la nef principale au moins, des poutres perpendiculaires, les unes verticales, les autres horizontales, le tout recouvert d'un toit très aplati. La lumière pénétrait par les baies des nefs latérales, celle du côté de l'Épître parfaitement conservée, avec ses fenêtres d'un roman si pur, et les arcs doubleaux de sa voûte en berceau ; celle

du côté de l'Évangile au contraire, recons·
truite au XIVᵉ siècle, car on sait qu'à cette
époque le mur est tombé, emportant avec
·lui une partie de la voûte. Et l'histoire
ne nous apprendrait pas ce détail que nous
en trouverions le témoignage écrit dans
la pierre. Ces arceaux des voûtes à peine
amorcés, cette baie dont le sommet surbaissé
s'infléchit, tout nous indique qu'un accident
s'est produit là et que nous ne sommes plus
au XIᵉ siècle.

Telle était la vieille « *basilica* » primitive
de Neuvy-Saint-Sépulcre. Avec ses colonnes
quadrangulaires, sans motif décoratif, à
peine une boursouflure de la pierre, annonçant
le tailloir qui n'est lui-même que l'embryon
du chapiteau futur ; avec les cintres de
ses arcs sans moulure, dessinant la courbe
ferme et rigide du roman ; avec ses murs
dépourvus d'ornements, elle ne dégage
qu'une impression de force et de solidité.

S'il est vrai que l'art procède du simple
au compliqué, et que la loi de l'évolution,
douteuse quand on l'applique aux organismes
vivants, se vérifie au contraire dans les
œuvres d'architecture, il faut en conclure

Intérieur de la Basilique du Saint-Sépulcre de Neuvy

que cette construction réduite à de simples lignes courbes représente l'un des premiers essais, l'un des plus vieux témoins de ce style roman, qui, 50 ans plus tard, devait, en maints endroits et ici même réaliser de si magnifiques développements.

Mais, tout humble qu'elle soit, comme elle est délicieusement évocatrice du passé et quelles sources d'émotion elle recèle dans tels recoins exquis !

Placez-vous par exemple à la porte qui donne sur la rue du « Vieux-Château », devant le long couloir fuyant de cette nef qui rappelle les vieux cloîtres, dans le demi-jour mystérieux que laissent filtrer ces vitraux verdâtres, et qui répand dans l'air comme une poudre de lumière éteinte, d'un gris-cendre ; puis recueillez-vous et abandonnez-vous à la suggestion qui lentement vous envahit. C'est l'âme inquiète et ardente, vibrante et éplorée, terreuse et céleste, du Moyen-Age qui plane, tout autour de vous, avec ses espérances et ses craintes, ses allégresses et ses désolations ! Comme ceux qui, dans les temps lointains, se sont agenouillés là, sous ces voûtes sépulcrales, revivent devant vos yeux, avec leurs figures pensives et pieuses, leurs regards détachés de ce monde éphémère et absorbés dans l'extase de la méditation et du rêve, par la vision des réalités éternelles !

Bientôt cette église est insuffisante, il faut l'agrandir. Elle s'allonge des deux travées romanes du chœur, plus élevées, plus larges, plus dégagées que les arcs accroupis de la nef. Elle s'exhausse avec les galeries supérieures, qui étaient de véritables tribunes d'où nos pères assistaient à l'office divin, et dont les nervures toujours visibles se dessinent en relief sur le mur qui en aveugle les arcs. Pourquoi voir là un travail plus récent ? L'examen attentif de l'appareil architectural paraît justifier cette hypothèse. Si la nef et le chœur étaient d'une seule coulée, la différence de niveau qui s'accuse entre leurs arcatures ne s'expliquerait pas.. A moins toutefois qu'il ne faille, comme certains le pensent, en chercher l'explication dans la présence d'une crypte creusée sous le sanctuaire ? On sait en effet que la crypte était dans les traditions architecturales de nos régions.

Elle existe notamment à Gargilesse, où elle est cause que le chœur s'élève de plusieurs marches au-dessus de la nef.

Mais une crypte serait-elle possible dans cette cuvette de Neuvy où l'eau est à fleur du sol ? Des fouilles pourraient seules nous renseigner. Quand aux galeries, elles trahissent une facture moins fruste, des procédés moins rudimentaires. Le tailloir à moulure, amorce du chapiteau futur, apparaît au sommet des colonnes ; et les arcs qui les surmontent, formés de deux rangées de pierres parallèles, se brisent et se soulèvent légèrement en leur milieu, annonçant la pointe de l'ogive prochaine. D'où l'on doit conclure que, si la partie primitive appartient au milieu du XIᵉ siècle, celle dont nous parlons serait environ de 40 ans moins ancienne. Elle serait contemporaine de la coupole. Les tenants de cette opinion ne manquent pas, parmi les arguments qui l'appuient, de signaler la coupe absolument identique des fenêtres du dôme et des arches des tribunes.

En tout cas, les deux monuments ne se rejoignent pas encore. Les vieilles arcatures inférieures, aussi bien que celles du triforium s'arrêtent à une même ligne perpendiculaire, qui tombe à trois mètres de la rotonde.

Et même n'y avait-il pas entre les deux édifices une construction antérieure, que les architectes ont pu utiliser par la suite, et dont on retrouve encore des vestiges ? Que signifient ces pierres brutes, disposées en demi-cercle sur le pan de mur du fond qui fait face au Maître-Autel, et éparpillées au hasard sur le mur de l'autre côté, auquel est adossée la chaire ? Si maintenant l'on suit ce mur du regard, on y découvre, à une certaine hauteur, une paroi concave, percée autrefois d'une petite fenêtre, dont le dessin, toujours visible, indique manifestement l'existence d'une tour, qui devait se rattacher au système de cette construction antérieure. Serions-nous donc là, comme certains le supposent, en présence des restes d'une sorte d'oppidum gallo-romain, centre de de la vie municipale, devenu le centre de la vie religieuse ? Ou bien serait-ce tout simplement les débris d'un porche, surmonté d'une tribune, et fermant autrefois la nef à l'occident, avant sa rencontre avec la coupole ? Mystère !... Étrange monument en vérité que cette église de Neuvy, où l'on se heurte à chaque pas à d'insolubles problèmes !

Cependant, vers la fin du XIIe siècle, elle fut la proie du feu. Nos pères faisaient comme nous. Les jours de grandes solennités, ils déployaient des tentures, déroulaient des banderolles, multipliaient les cierges, et des incendies s'allumaient avec rage dans ces voûtes de bois. C'est pourquoi d'ailleurs les chefs d'Églises ont fini par décider les architectes à risquer la sublime tentative des voûtes de pierre. Le besoin demeure le meilleur stimulant du progrès.

L'Histoire a gardé le souvenir de cet incendie de Neuvy. Mais, à défaut de son témoignage, les pierres suffiraient à nous le raconter. Les vousseaux du triforium gardent encore les traces des flammes qui les ont léchés et calcinés. Il fallut reconstruire. On le fit suivant le style de l'époque. Or c'était l'heure de la transition entre le roman qui finissait et le gothique naissant. Alors, sous l'effort de la prière qui

monte et de la foi qui cherche sur les sommets
son idéal, les voûtes basses se soulèvent
avec une hardiesse magnifique. Le rocher,
qui ferme le sépulcre, se brise. L'ogive,
qui s'élance comme une flèche vers le ciel,
remplace le cintre qui retombe de tout
son poids sur la terre. Les gros murs pleins
et lourds, derrière lesquels s'épaississaient
les ténèbres, s'évident, pour laisser filtrer
des ruisseaux de pourpre et d'or, à travers les verrières flamboyantes des baies
élargies. Les pierres, lancées à de vertigineuses hauteurs, s'y tiennent toutes
seules ; on dirait qu'elles planent sur des
ailes invisibles, qu'elles sont devenues aérien-
nes, qu'elles s'immatérialisent au souffle
de l'âme croyante, qu'elles échappent aux
lois physiques de la pesanteur. Sur les
chapiteaux, dont les motifs décoratifs étaient
empruntés à la belluaire mystique, s'étale
gracieusement la feuille d'acanthe, en atten-
dant qu'on voie s'y épanouir toutes les
variétés de la flore régionale.

Nous assistons ici à cette transformation
merveilleuse. Sous prétexte de restaurer
l'église brûlée, on jeta sur ces décombres

fumants la superbe voûte ogivale, qui déploie aujourd'hui devant nous les articulations savantes de ses nervures gracieuses et de sa robuste ossature. Mais elle avait besoin de supports. On dressa donc au milieu les quatre gros pilastres, si curieux avec leurs chapiteaux finement ouvragés et soigneusement ciselés. Les lignes qu'ils tracent se trouvèrent à tomber de façon à couper les vieux arcs romans, on n'en eut aucun souci. C'est sur leurs fûts à la fois sveltes et vigoureux que retentit la poussée principale de la voûte. Il fut néanmoins nécessaire de l'étayer aux deux extrémités, pour que l'équilibre fut stable. On prolongea donc les murs de la nef jusqu'à les souder à la coupole, et on disposa, en pénétration dans les quatre angles, de petites colonnes où les extrémités de la voûte viennent s'appuyer.

Les arcs gothiques du chœur, encadrés dans les grands arcs romans qui les surmontent, ont leur place marquée à cette date. Il n'y a pas lieu de tenir compte du petit arc en plein cintre, construit en 1914, par l'architecte, dans la crainte que l'arc supérieur ne puisse supporter le poids du mur. Quant à la voûte surbaissée de la chapelle de Saint Joseph qui préoccupe si fort nombre de visiteurs, elle n'a aucune signification historique ; elle ne remonte qu'à 70 ou 80 ans au plus, à l'époque de la démolition du beffroi, et elle fut aménagée ainsi pour recevoir l'horloge de la commune.

Voici donc l'église de Neuvy achevée. Quel aspect étrange elle présente ! C'est en somme un édifice gothique superposé à un monument roman, le premier enveloppant le second. A vrai dire un assemblage aussi bizarre choquait ce goût de l'unité, ce besoin d'ordre inné en chacun de nous. On voulut y remédier. Et, afin d'obtenir un tout homogène, on se mit à masquer, à murer, à boucher l'antique partie romane, qui peu à peu disparut ensevelie sous une croûte de maçonnerie, d'où les Beaux-Arts s'appliquent à la dégager aujourd'hui. Mais il y a 50 ans à peine toutes les arcades étaient encore fermées et les nefs ressemblaient à trois longs corridors, qui ne communiquaient entre eux que par deux petites ouvertures de chaque côté. Le

Intérieur de la Basilique du Saint-Sépulcre de Neuvy

LA COUPOLE

résultat fut que la grande nef, qui n'était éclairée que par les fenêtres des nefs latérales, devint complètement obscure. On perça alors dans le mur du fond de l'abside la belle rosace et les deux superbes baies ogivales, dont la structure trahissent toujours la même époque, fin du XIIe siècle.

LA COUPOLE

Telle paraît être l'interprétation rationnelle de l'église de Neuvy. Il nous reste maintenant à examiner la coupole. « En 1042, dit, la Chronique de Limoges, une église de Saint-Sépulcre fut fondée en Berry sur le modèle de celle de Jérusalem, en présence de Eudes Ruffo, seigneur du château de Déols et de illustre homme, Boson de Cluis, sur le domaine duquel est situé le lieu appelé Neuvy. »....... « En ce temps-là, c'est-à-dire de 1034 à 1049, dit la Chronique d'Autun, fut construite l'Église du Saint-Sépulcre de Neuvy, sur le modèle de Jérusalem. »...... « En 1046 fut construite en Berry l'église du Saint-Sépulcre sur le modèle de celle de Jérusalem », ajoute la Chronique de Tours.

Manifestement ces textes visent uniquement la coupole qui seule peut en somme prétendre à une ressemblance avec le Saint-Sépulcre de Jérusalem. Malgré l'indécision qu'ils accusent sur la date exacte de la construction, ils permettent d'en situer le commencement dans la seconde moitié du xie siècle. Mais alors que vont objecter ceux qui se refusent à admettre, dans nos régions, des monuments antérieurs au xiie ?

Reconnaissons du reste que de longues années furent sans doute nécessaires pour amener une telle œuvre à son point de maturité, et qu'il fallut attendre en effet jusqu'au xiie siècle pour en voir l'achèvement. Cette conclusion qui s'accorde avec les documents écrits, ressort également du témoignage que le monument se rend à lui-même, quand on l'interroge. Sur ce canevas byzantin, l'art roman a répandu toutes ses magnificences, déployé toutes ses richesses, drapé une de ses compositions les plus heureuses. Il était donc en pleine possession de ses moyens ! Ici d'ailleurs, sous cette lumineuse coupole, ce n'est pas comme dans l'autre partie de l'église, tout s'explique, il n'y a pas à chercher, il n'y a qu'à jouir, en s'abandonnant à la suggestion prenante de la beauté moitié orientale moitié européenne que l'on a devant soi.

Quelle harmonie dans cet ensemble !. Comme le rapport est exact entre l'élévation du dôme et le diamètre total de l'édifice ! Comme l'étendue qui se présente et s'étale dès qu'on entre est régulière et immédiatement perceptible, alors que celle de nos cathédrales gothiques se dérobe en des fuites éperdues, à travers la forêt obscure des piliers, sous les branches feuillues des ogives ! Comme la proportion est heureuse entre la hauteur de ces colonnes, leur épaisseur et leurs distances ! Quelle grâce dans le mouvement circulaire qu'elles dessinent et dans les bonds des arcs qui semblent rythmer leur marche ! Quelle élégance dans ces absidioles qui forment comme une dentelure sur la courbe de la rotonde et qui rayonnent tout autour ! Quelle hardiesse et quelle sûreté aussi dans les jets de pierre de ces arcs doubleaux, dont l'effort soutient les voûtes et dont les lignes s'incurvent en retombées gracieuses, ainsi que les lèvres d'un calice qui s'évase ! Quel élan, on a envie de dire quelle vigueur de sève montante, dans les fûts de ces piliers, pareils à de vieux arbres au tronc noueux et durci, qui auraient poussé le long des murs, pour s'épanouir au sommet, dans les chapiteaux, en des frondaisons si variées ! Quel entrain, quelle vivacité et quelle fierté d'allure dans le défilé des arcades qui forment la galerie supérieure !

Nulle symétrie d'ailleurs ; cet autel par exemple n'est perpendiculaire à rien, ni à un pilier, ni à un arc ; il y a onze colonnes en bas et quatorze en haut, la marche de la colonnade du dessus s'exécute ainsi à contre-temps de celle du dessous. Et pourtant l'ensemble est « eurythmique », comme diraient les Grecs, il plaît à l'œil et satisfait l'esprit. C'est donc qu'il correspond aux lois d'une esthétique supérieure, qui n'ont pas été peut-être réduites en formules, mais dont les vrais artistes ont l'intuition. Si le monument avait appartenu aux orientaux, ils l'auraient revêtu de splendeur avec leurs marbres et leurs mosaïques, où ils auraient fixé, dans les ors, les topazes, les rubis, les émeraudes, les saphirs, tous les étincellements de leur ciel, et où ils auraient fait revivre, parmi ces rayonnements, les grandes scènes bibliques et les grandes figures de l'Histoire religieuse. Ici ce sont de simples pierres nues, des matériaux de qualité inférieure ; et tout le travail des Beaux-Arts consiste, à les débarrasser du badigeon dont ils étaient recouvert, et à les encadrer dans du ciment, en suivant les lignes capricieuses des jointures, pour bien montrer l'appareil de la construction. Cependant de ces vieux murs pauvres, et froids, comme les parois de l'étable ou du sépulcre, mais noircis par les prières des siècles et chargés de sensibilité par toutes les âmes qui s'y sont abritées, il se dégage une impression de recueillement et de piété que bien peu d'édifices procurent au même degré. Le soir, à l'heure où l'éclat du jour s'amortit, placez-vous près de la grille du chœur, le regard tourné vers la coupole, et vous avez comme une vision de catacombes. Dans cette clarté tremblante, vaporeuse, qui tombe des verrières du dôme, à travers ces colonnes qu'on dirait enveloppées d'un velours gris mauve, et qui poursuivent, dans un circuit sans fin, leur marche silencieuse et éternelle, s'ouvrent des arrière-fonds lointains et noyés d'ombre, des arrière-plans mystérieux et infinis, où l'on croit voir passer des fantômes.

Mais il faut examiner le détail. Ce qui retient tout d'abord l'attention ce sont les colonnes et les chapiteaux qui les surmontent. Ils sont splendides, bien qu'ils n'aient pas la finesse d'exécution et qu'ils ne trahissent pas chez les artistes qui les ont ciselés la légèreté d'outil qu'on remarque dans d'autres œuvres de la même époque, par exemple dans le portail sud de la cathédrale de Bourges. Autant qu'on en peut juger, ils se rattachent à la tradition déoloise. Pendant des siècles en effet la célèbre abbaye de Déols étendit sur toute cette région sa grande ombre bienfaisante. On retrouve son souffle dans toutes les inspirations artistiques de ce temps et de ce pays, son empreinte sur toutes les œuvres. Ce sont ses moines, hommes de progrès et vrais éducateurs du peuple, qui ont su ainsi faire fleurir, faire parler, faire chanter et faire prier la pierre. Car la théorie stérile et fausse « de l'art pour l'art », c'est-à-dire pour le plaisir, pour le caprice, pour l'amusement, est une de ces aberrations maladives, qui, sous le nom de dilettantisme, se développent au sein des sociétés décadentes, et qui avaient tellement déprimé l'âme française qu'on se demandait si elle pourrait supporter le rude effort de la guerre. Au Moyen-Age au contraire, en ces temps de foi vive, de robuste bon sens et de vigoureuse santé morale, on n'admettait l'art que pour l'instruction des esprits, l'éducation des volontés, l'édification des cœurs. Ces chapiteaux sont donc très vraisemblablement des pages de catéchisme, reproduisant, en une forme intuitive et étrangement saisissante, l'enseignement dogmatique et pratique que les pasteurs donnaient à leur troupeau. Nos pères savaient les lire. Partant de ce principe tâchons d'en retrouver la clef, et, puisqu'ils ont un sens, de les comprendre nous aussi. Cette branche de pin portant son fruit ne signifie-t-elle pas, par un jeu de mot sublime, l'arbre à pain, symbole de l'Eucharistie ? De chaque côté on remarque deux têtes qui mangent, l'une avec une grimace hideuse et un masque d'une effrayante dureté, l'autre avec une expression toute naturelle et toute simple ; ne serait-ce pas l'image de la bonne et de la mauvaise communion ? « *Sumunt boni, sumunt mali, sorte tamen inœquali* », écrivait saint Thomas presque au temps où les artistes de Neuvy et d'ailleurs gravaient le dogme dans les sculptures de leurs chapiteaux.

... Ici c'est la licorne, emblème de l'âme pure, dans la belluaire du Moyen-Age ; et, pour accentuer cette signification avec plus de précision encore, voyez cette tête si reposée, si suave au milieu du chapiteau. Plus loin la même idée est reprise, mais elle s'enrichit d'éléments nouveaux, et c'est tout un drame qui se déroule alors. Au centre, toujours la même figure expressive de tranquillité intérieure et de joie sereine. Elle est encadrée de deux colonnes que surmonte un cintre. C'était, dans la symbolique du Moyen-Age, la façon de représenter l'église,

maison de Dieu et maison des fidèles.
Aux quatre angles, des monstres se dessinent avec des dents acérées, taillées en dents
de scie, des langues démésurément longues
et trilobées. Ils signifient le mal, l'éternel
ennemi, Satan. Le sens de ce chapiteau apparaît donc très clair, il nous montre l'âme chrétienne, à l'abri dans l'église, contre les traits
des méchants." Poursuivons notre enquête.
Voici quatre personnages campés aux coins
d'un chapiteau, ils ont l'air attentifs et heureux. Au milieu, toujours les mêmes têtes
de monstres, grimaçantes, féroces, horribles.
De chaque côté de leurs gueules partent des
filets qui vont s'entortiller autour des
oreilles des quatre personnages. Comment
pouvait-on mieux exprimer la mauvaise
parole trouvant une oreille complaisante ?
Plus loin, voici des têtes qui en mangent
d'autres, parmi des feuillages denses et touf-
fus. Est-ce la calomnie et la médisance,
l'un des péchés les plus énergiquement
flétris par les prédicateurs du Moyen-Age
qui est ainsi stigmatisé ici ? Ou bien serait-
ce l'image de l'enfer, comme un vers de
Dante permettrait de le croire ? Puis ce

sont les vices immondes, s'étalant avec un incroyable réalisme, sous la forme d'animaux : singe, chat, chien, serpent. Enfin le cycle de cet enseignement si riche se clôt par le délicieux chapiteau des vertus. Comme ces figures sont idéalement belles ! Quelle pureté dans leurs traits ! Quelle douceur dans leur sourire ! Quelle expression de bonheur et quel rayonnement de paix sur ces visages ! On a envie d'ajouter, comme leur respiration est calme ! Délivrées des agitations du temps, elles semblent goûter le repos de l'éternité ! Et pourtant elles n'ont pas une pose hiératique, on dirait que ce sont des portraits.

Hâtons-nous d'ajouter que cette interprétation symbolique, qui nous semble cadrer si bien avec ce que nous savons de l'âme du Moyen-Age, est aujourd'hui violemment combattue. Une école existe, d'après laquelle les dessins de nos chapiteaux romans ne seraient que la copie de certains tapis d'Orient, mis en circulation chez nous, lors de l'invasion arabe ? Que vaut cette explication nouvelle ? En tout cas elle doit faire les affaires du laïcisme, puisqu'elle tend à dessécher l'inspiration religieuse même dans les manifestations les plus authentiques de la foi ! Mais comment concilier une pareille théorie avec la défense faite par le Coran aux disciples de Mahomet de reproduire, dans leurs œuvres d'art, des êtres vivants ? C'est pourquoi du reste ils ont dû inventer ces arabesques, dont les combinaisons de lignes ingénieuses et bizarres forment tous les ornements de leur architecture, comme de leur peinture, comme de leurs tapisseries, comme de leurs draperies.

Signalons enfin la variété des motifs décoratifs de ces frises ; ici un simple lacet, plus loin une torsade, ailleurs une guirlande de feuillage. Il n'en est pas deux qui se ressemblent ! Quel dommage que ces chapiteaux aient été brisés ! Qui faut-il accuser de ces méfaits ? Est-ce le marteau stupide et sacrilège du vandalisme révolutionnaire de 93 qui s'est abattu là, comme, hélas, en tant d'autres endroits ? Une tradition locale le prétend. Elle rapporte que les délégués du district de La Châtre, pour délivrer les gens de Neuvy des dangers de la superstition et les initier aux beautés du culte de la raison pure, seraient venus ainsi saccager leur trésor artistique. Certains cependant, objectant que ces mutilations se sont produites à l'intérieur tandis que le dehors est resté intact, s'attachent à une autre version. On pourrait leur opposer une fin de non-recevoir pure et simple, et leur rappeler que c'est en Histoire surtout que « le vrai peut quelquefois n'être pas vraisemblable. » Car le seul argument qui tienne sur ce terrain c'est le témoignage.

Il ne s'agit pas d'échaffauder des systèmes à priori. Nous sommes en possession d'une tradition qui ne cèdera le pas qu'à des raisons péremptoires. Or on prétend justement en apporter. Ces brisures, ces déchirures seraient l'œuvre involontaire des maçons et des charpentiers qui ont construit puis défait le plafond qui coupait horizontalement le dôme en deux parties, à la naissance de la galerie supérieure. Les poutres énormes qu'il a fallu monter puis descendre et dont on voit encore l'emplacement, dans les pierres qu'on a descellées et soulevées pour les installer, auraient heurté les chapiteaux et les auraient endommagés. On va jusqu'à dire que ce plafond se serait effondré, entraînant dans sa chute toutes les moulures, toutes les corniches, tous les personnages en relief sur la colonnade inférieure. C'est évidemment possible, mais, si ces faits ont eu lieu, ils n'ont laissé aucune trace dans les souvenirs de la population de Neuvy ; tandis que l'autre explication demeure vivace et tenace.

Beaucoup regrettent, au milieu de ce dôme la présence de l'autel tout moderne qu'on y a construit. Il est certain que, s'il est commode pour le culte, il nuit à l'ensemble et l'empêche de dégager sa pleine et forte impression esthétique. La coupole de Neuvy devait avoir une autre allure, quand, à la place où l'autel se dresse aujourd'hui, se creusait le caveau, le Saint-Sépulcre de Neuvy, au fond duquel était scellé le meuble en planches de chêne, munies de fer forgé, qui renfermait la sainte Relique du Précieux-Sang.

Lorsqu'on fait le tour de la coupole, on ne manque pas de s'arrêter devant le tombeau qui s'abrite sous une des absidioles.

C'est une œuvre intéressante en effet. Toute
mutilée, et même il faut ajouter toute maquil-
lée qu'elle soit, elle témoigne encore d'une
puissance d'inspiration et d'une profondeur
d'émotion poignantes. La statue est cou-
chée dans l'immobilité muette et glacée de
la mort, les mains se rejoignent et se replient
sur la poitrine, en un geste de prière dont
rien ne troublera plus jamais l'extase, les
plis de la robe sont rigides. La facture du
travail indique nettement la fin du XIe siècle
ou le commencement du XIIe. Les époques
postérieures auront plus de souplesse et
plus de grâce, elles auront peut-être moins
de majesté. C'est dire que ce monument
ne saurait être, ainsi que l'affirment les
légendes populaires, le cénotaphe du cardinal
Eudes, mort deux siècles plus tard, en
Italie, à Orvieto, où il fut enterré. Il s'est
passé à Neuvy ce qui se passe un peu partout.
Quand un grand nom auréolé de gloire se
dresse au-dessus de l'horizon d'un pays,
il devient comme le centre d'attraction
autour duquel gravite, s'agglutine et cris-
tallise l'histoire locale. C'est à lui que les
imaginations naïves, dénuées de sens cri-

tique, rapportent toutes choses. A Jérusalem par exemple tout est attribué à Salomon. A Neuvy, le tombeau qui se trouve dans l'église ne pouvait être que celui du cardinal Eudes. Et il est intéressant de suivre le travail qui s'est accompli sous l'influence de cette idée. Le coffret que porte la statue et sur lequel sont gravées en lettres gothiques les initiales S. C., *Sanguis Christi*, représente manifestement le reliquaire du Précieux-Sang. Or il est en plâtre, il a donc été fabriqué après coup. La tête non plus n'est pas authentique. Elle est du reste disproportionnée et trop petite par rapport à l'ensemble du corps.

Mais alors que serait ce tombeau ? Celui du « clerc Simon », dont parle le pape Grégoire VII et à qui le premier aurait été confié le service de l'église de Neuvy ? ou plutôt celui du fondateur ? Et alors l'ornement que la statue porte au bras gauche, au lieu d'être un manipule, serait une aumônière comme en portaient les seigneurs du temps. Peut-être, si on levait la pierre, découvrirait-on quelque indication ? Il est probable qu'elle recouvre des ossements. En tout cas ce monument n'a pas dû être toujours à l'endroit qu'il occupe, et je ne serais pas surpris qu'autrefois, avant l'arrivée des saintes Reliques, il eût été placé au centre de la coupole.

La galerie supérieure présente moins d'intérêt. Un seul chapiteau est sculpté. Doit-on reconnaître une fois de plus, dans ce détail, l'âme ardemment symbolique et mystique du Moyen-Age, et proclamer, avec les traditions locales, que cet unique chapiteau ouvragé représente Notre-Seigneur, les treize autres représentant les Apôtres, y compris saint Paul ? C'est possible après tout ! Pourquoi les autres sont-ils demeurés frustes en effet ? Pourquoi surtout ont-ils été évidés au point que toute ciselure est impossible ? Plusieurs fûts de colonnes sont marqués de stries circulaires. Ce sont les traces du tour où on les a passés. Au Moyen-Age on savait tourner la pierre. Les Romains d'ailleurs le faisaient déjà. Il convient de remarquer une fois de plus la similitude qui s'accuse entre le dessin des fenêtres supérieures du dôme et celui des arcatures du triforium de la nef. De part et d'autre le tailloir, embryon du chapiteau, commence d'apparaître. Le cintre s'allonge, s'élève, s'exalte, pour se briser, au siècle suivant, en flèche d'ogive. Faut-il mentionner les peintures que Viollet-Leduc fit exécuter, dit-on, uniquement en vue d'imiter le Saint-Sépulcre de Jérusalem, et qui du reste n'ont pas d'autre mérite que celui-là ?

Mais ce qu'aucune analyse ne saura jamais rendre c'est l'émotion dont sont chargées ces vieilles pierres, ce sont les confidences qu'elles font et qu'elles provoquent, c'est l'âme qui palpite en elles et qui est faite des âmes de toutes les générations qui ont cru, qui ont espéré, qui ont aimé, qui ont pleuré, qui ont chanté à l'ombre de ces murs, et qui, se sentant là au seuil du grand mystère, ont frémi de désir en de longues oraisons silencieuses, ou frissonné de terreur avec des sanglots et des cris !

Ces simples réflexions suffisent à nous montrer quelle place l'église occupe dans nos vies, et à quels besoins elle correspond. Elle est la vaste hôtellerie d'âmes, ouverte à toutes celles que la réalité meurtrit et que l'idéal tourmente. Et elles sont légion !

Et si cet abri leur manquait où donc se réfugieraient-elles ? Dans quelqu'un de ces gîtes où le monde moderne a essayé de leur présenter comme l'équivalent et le succédané de l'église ? A l'école ? A la mairie ? A l'auberge ? Non ! Ce sont là des lieux de passage, l'âme ne s'y arrête pas. La seule demeure où elle s'installe et où ses fibres s'enracinent c'est l'église, parce que c'est la seule qui aime. On s'en est aperçu au moment de la mobilisation. Dans ces heures de crises violentes qui remuent l'être jusqu'en ses profondeurs intimes, les sentiments vrais, ensevelis parfois sous la masse épaisse des préjugés, des lâchetés, des habitudes, refluent à la surface, et l'on se retrouve soi-même. Le geste héréditaire et instinctif de la race se reproduit alors, et tous, jusqu'à ceux qui en avaient désappris le chemin, se retrouvent à l'église.

Le dehors de la Basilique de Neuvy répond au dedans. On ne se lasse pas d'admirer les mouvements de cette colonnade dont les ondulations tressent au front de la coupole une guirlande si gracieuse, la légèreté et la sveltesse des colonnes, les décorations merveilleusement ciselées et variées des chapiteaux, la fine dentelure des arcs hérissés de pointes de diamant, la ligne brisée de l'encorbellement qui les surmonte, la courbe hardie de ce dôme qui s'élance, avec sa couronne de cordons de billettes, en plein ciel, hors de la plate-forme où il est appuyé. Tout cet ensemble si exactement proportionné, ordonné avec un goût si sûr, prouve à quel degré on possédait alors le sens de la beauté.

Mais il convient de rendre justice à Viollet-Leduc qui le premier devina et révéla la coupole de Neuvy, et qui est l'auteur de cette restauration merveilleuse. Ces pointes de diamant, c'est lui qui les a retaillées. Cette colonnade, c'est lui qui l'a refaite. Ce dôme en ouvrage de poterie recouvert de lames de plomb comme ceux de Constantinople et de Jérusalem, c'est lui qui l'a dégagé des toits de tuile et des travaux de maçonnerie, sous lesquels les vieilles gravures nous le montrent enfoui.

La porte principale présente une particularité étrange, les deux colonnes qui l'encadrent ont pour socles des chapiteaux.

Il semble bien du reste qu'elle n'a pas toujours été placée là, ou du moins qu'il y en avait une autre ; car on remarque, au-dessus du confessionnal, du côté de l'Évangile, le dessin d'un cintre, indiquant une vaste ouverture aujourd'hui bouchée.

Et maintenant, si l'on fait le tour de l'édifice à l'extérieur, on retrouve dans ces murs bosselés, tourmentés, percés de meurtrières, la trace des assauts qu'ils ont subis, des luttes qu'ils ont endurées, des rudes époques qu'ils ont traversées. Et, à l'aide de ces vieux témoins, c'est tout le passé qui se reconstitue et revit sous nos yeux. L'église était donc fortifiée. Les habitants s'y réfugiaient en cas de panique. Dans les combles transformés en greniers, ils entassaient leur blé et leur fourrage. Naïve et touchante façon de comprendre la mission maternelle et protectrice de l'église, maison du peuple en même temps que maison de Dieu ! Des fossés, partant de la Bouzanne, longeant les Promenades actuelles, pour rejoindre la rivière par la rue des Bouchers, l'entouraient de tout côté. Dans cette enceinte étaient comprises les habitations des chanoines,

qui occupaient l'emplacement du presbytère
actuel et des maisons voisines. Certaines,
avec leurs toits effilés, leurs hauts pignons,
leurs baies ouvragées et leurs tourelles,
ont même gardé leur physionomie d'autrefois. Cet ensemble formait ce que l'on appelait le « Château de Neuvy », château dans
le sens éthymologique de « *castellum* »,
place forte, et non pas dans le sens de demeure
seigneuriale, car il n'y en eut jamais ici.
Le nom d'ailleurs en est resté à la rue qui
passe devant le presbytère. Étroite, glissante,
pavée de petits cailloux blancs, creusée en
son milieu d'une rigole où l'eau s'écoule,
elle rappelle exactement les rues du XIIe
ou du XIIIe siècles, de ces époques de pensée
et de réflexion, où la vie, concentrée au
dedans et repliée sur elle-même, pour se
développer en profondeur, paraissait éprouver je ne sais quelle timidité à s'épanouir
au dehors. Un beffroi avec son horloge
complétait cette cité moyenâgeuse. On aime
à se reporter par l'imagination vers ces
jours lointains, que l'on se représente plus
paisibles qu'ils n'étaient en réalité, et où il
semble que les heures s'envolaient lentes

et douces, dans l'harmonie des âmes et des choses, sans heurt, sans secousse, sans être agitées par cette fièvre de vapeur et d'électricité, ni secouées par les trépidations qui les troublent aujourd'hui. Les rêves se formaient alors tranquillement dans l'esprit des artistes, et ils finissaient par se cristalliser en des formes de beauté impérissables, comme la coupole de Neuvy.

Cette église était une collégiale desservie par douze chanoines, sous l'autorité d'un prieur. Elle était dédiée à saint Jacques le Majeur, ce qui la rattachait encore à Jérusalem, dont saint Jacques fut le premier évêque. Décidément Neuvy est bien une greffe apportée de Terre-Sainte sur notre sol berrichon.

Quant au bourg proprement dit, il se constitua et s'aggloméra dès l'époque Gallo-romaine, sous le nom de « *Novus vicus,* Nouveau village », de chaque côté de la grande voie romaine qui allait d'Argenton à Néris, et devait traverser la Bouzanne au gué de Neuvy. La paroisse à laquelle il donna naissance fut érigée sous le vocable de saint Pierre, ce qui suppose un courant d'évangélisation fort ancien. Les vieilles légendes locales n'enseignent-elles pas que le premier apôtre de ces contrées fut saint Martial de Limoges ? Puis une autre église, dédiée à saint Étienne, fut bâtie de l'autre côté de la route. L'une avait son cimetière sur la place actuelle de la Mairie, l'autre probàblement sur le champ de foire, comme semble l'indiquer la croix qui s'y dresse encore. Toutes deux furent désaffectées et vendues. L'église Saint-Pierre fut interdite en 1765. L'église Saint-Étienne pendant la Révolution. Les deux paroisses se fondirent alors en une seule. L'antique collégiale Saint-Jacques-le-Majeur devint paroissiale. Elle garda son patron titulaire. Mais la nouvelle et unique paroisse fut consacrée à saint Étienne, en souvenir du passé.

———————

EUDES

SES ORIGINES.

Neuvy fut-il vraiment la patrie du Cardinal Eudes, ou faut-il admettre qu'il soit né à Châteauroux ? Avouons que la question est insoluble. De part et d'autre on apporte des arguments, dont aucun n'est décisif. Ceux qui se prononcent pour Châteauroux invoquent le nom d'Eudes de Châteauroux qu'il porte dans l'histoire, et qu'il se donne lui-même. Dans une lettre qu'il écrit au Chapître de Bourges, en 1237, il signe en effet « *Odo de Castro-Rodulphi*, Eudes de Châteauroux [1] ». A la page 1160 de son ouvrage posthume, intitulé « Pèlerinages du Berry » et publié en 1911 par son neveu, M. Ferdinand Chartier, M. l'abbé Domourette écrit : « Que le Cardinal Eudes soit né à

1. Cette lettre se trouve aux Archives du Cher, grand cartulaire de saint Étienne de Bourges, fol. 148.

PORTRAIT DU CARDINAL EUDES

trouvé en Italie,

à Frascati, l'ancienne Tusculum,

Evéché suburbicaire

dont Eudes fut titulaire.

Châteauroux ceci ne fait pas de doute pour ceux qui connaissent le manuscrit de la Bibliothèque nationale de Paris, n° 15198. Il a pour titre : « *Sectio magistri Odonis de Castro-Rodulphi* ». Ce manuscrit est une copie faite sous les yeux et par ordre d'Eudes. Il est donc manifeste que c'est lui-même qui affirme qu'il est né à Châteauroux, que veut-on de plus ? »

A quoi les tenants de la tradition de Neuvy ne sont pas embarrassés pour répondre que ce « qu'ils veulent de plus » c'est qu'on leur démontre que cette expression « Eudes de Châteauroux » signifie vraiment que Châteauroux est le lieu de naissance de l'illustre Cardinal. Combien de personnages historiques portent ainsi, attaché à leur nom propre. le nom d'une ville, qui n'est pas nécessairement celle où ils sont venus au monde, mais celle où ils ont passé un temps notable de leur existence ! Saint Bernardin de Sienne était né à Massa-Carrara, saint Antoine de Padoue était né à Lisbonne, saint Paulin de Nole était né à Bordeaux. Et sans aller chercher si loin, notre célèbre Michel de Bourges n'était-il pas né en Provence ? Enfin il y a un exemple plus auguste encore que tous ceux-là, Jésus de Nazareth était né à Bethléem.

Cette tradition de Neuvy s'appuie du reste sur un document dont rien ne saurait détruire la valeur Dans la lettre qu'il écrit aux chanoines de la collégiale Saint-Jacques et qui accompagne l'envoi des gouttes du Précieux-Sang et des fragments du Saint-Sépulcre, le Cardinal Eudes s'exprime ainsi : « Voulant honorer, autant que nous le pouvons notre sol natal, *volentes autem solum natale, ut possumus honorare* ». Il semblerait qu'un témoignage aussi clair, aussi sûr, aussi irrécusable, dût dirimer la querelle. Mais la subtilité des éplucheurs de textes n'est jamais à court d'objections. Ici encore c'est M. l'abbé Damourette qui se fait le porte-parole des revendications de Châteauroux : « *Solum natale* », c'est le mot qui a provoqué une polémique assez vive. On voulait à tout prix ravir à la ville de Châteauroux, au profit de celle de Neuvy-Saint-Sépulcre, une de ses gloires les plus illustres. Suivant nos contradicteurs, l'expression « *solum natale* » désignait Neuvy comme lieu de naissance de notre grand cardinal, mais on avait compté sans le savant Ducange, qui fait autorité en pareille matière. Le mot *solum* ne veut pas dire ville ou agglomération de maisons, mais il doit être interprèté en français par les équivalents *contréc* ou *pays*. Or Neuvy est situé dans la contrée dont Châteauroux est la capitale. Le cardinal a donc pu, sans violer la grammaire, employer les mots *solum natale* pour désigner le pays qui l'avait vu naître [1]. » On pourrait faire remarquer qu'avant d'accuser Neuvy, d'usurper sur Châteauroux, il faudrait savoir laquelle des deux villes est en possession de la tradition la plus ancienne. Et ce point là non plus n'est pas élucidé ; car, si l'on consulte les contemporains, Joinville par exemple, ou Geoffroy de Beaulieu, ou Guillaume de Chartres, ou Matthieu de Paris, aucun ne mentionne le lieu de naissance du Cardinal, ni même n'emploie l'expression Eudes de Châteauroux. Joinville l'appelle le légat, Guillaume de Chartres, son chapelain, et Geoffroy de Beaulieu, confesseur du roi,

----

1. Ouvrage déjà cité, p. 118.

l'appelle le seigneur Eudes, Évêque de Tusculum. Dans ces conditions a-t-on le droit de dire « qu'il s'agit de ravir à la ville de Châteauroux l'une de ses gloires les plus pures ? » Non ! il s'agit uniquement de découvrir la vérité ! Or quand même il serait grammaticalement exact que le mot « *solum natale* » puisse se prêter à l'interprétation élastique des exégètes de Châteauroux, et désigner une ville située à 26 kilomètres de celle à qui Eudes écrit, il resterait encore à expliquer l'étrange préférence qu'il témoigne à Neuvy et à dire pourquoi « voulant honorer son pays natal », c'est à Neuvy, plutôt qu'à Châteauroux qu'il envoie les saintes Reliques. Répondra-t-on qu'il y avait à Neuvy une église toute indiquée pour les recevoir ? Mais les riches sanctuaires ne manquaient pas à Châteauroux, ni surtout à Déols, où se dressait la prestigieuse église abbatiale ! Et si vraiment c'était la coupole de Neuvy, qui, par sa ressemblance et ses relations avec le Saint-Sépulcre de Jérusalem, déterminait le choix du Cardinal, pourquoi ne l'aurait-il pas déclaré nettement dans sa lettre aux chanoines, au lieu de donner d'abord, comme motif de son geste, l'attachement qu'il garde à son pays natal ? Avouons que l'argumentation de Châteauroux faiblit un peu ici.

Du reste les preuves d'autorité que l'on invoque en faveur de l'une ou l'autre hypothèse, ne nous permettent pas davantage de conclure. Leur nombre et leur poids sont au total équivalents. De la Thaumassière, François Duchesne, Fleury, prennent parti pour Châteauroux. Mgr de La Rochefoucauld, archevêque de Bourges, dans le procès-verbal d'une visite pastorale en 1734, de Raynal, Raoux, Grillon des Chapelles se rangent du côté de Neuvy. D'où il résulte qu'on peut avoir une opinion mais qu'on n'a pas de certitude. Il en est souvent ainsi en Histoire.

La même obscurité enveloppe le berceau du Cardinal. A quelle famille appartenait-il ? On l'ignore. Plusieurs voudraient qu'il fût de noble lignée. Duchesne, Grillon des Chapelles, le rattachent à la puissante maison de Chauvigny, qui possédait la baronnie de Châteauroux et le fief de Neuvy ; d'autres à celle de Déols. Rien n'est moins probable. Il aurait en effet porté le nom de ses ancêtres, et l'on aurait trouvé dans ses armes des traces de leur blason. Tout pousse à croire qu'il était issu de parents pauvres, et qu'il fut lui-même, à force d'intelligence et de travail, l'artisan de sa brillante fortune.

On n'est pas mieux renseigné sur la date de sa naissance. Il est seulement à peu près certain, en dépit de quelques contestations qu'il mourut en 1273, puisque la liste des Evêques de Frascati, l'ancienne Tusculum, lui assigne un successeur cette année-là.

LE XIIIᵉ SIÈCLE

Sa vie s'écoula donc dans ce prodigieux XIIIᵉ siècle, qui restera l'un des plus grands de l'Histoire. Siècle de toutes les outrances dans le bien comme dans le mal.! Siècle de lumières théologiques et siècle de sorcellerie ; siècle de saint Louis, de saint Thomas, de saint Bonaventure, et siècle des Albigeois ! Quelle exubérance et quelle intensité de bouillonnement dans le monde de la pensée comme dans celui de l'action ! Quelle germination intense de toutes parts sur notre sol ! Et, parmi la plus étonnante floraison de vertus chrétiennes, quels jets désordonnés de sauvagerie primitive encore mal disciplinés par l'influence de l'Église !

Dans nos villes, de grandes écoles se fondent, où passe l'élite des jeunes gens de tous les pays, et où enseignent des maîtres dont la voix retentit à travers le monde entier, attentif et charmé. Dieu avait créé l'université des êtres, le Moyen-Age créa l'université des sciences. Jamais on ne vit pareil frémissement de vie intellectuelle ! Jamais la curiosité humaine n'avait été plus éveillée, mieux aiguisée, tournée avec plus d'ardeur vers les choses de l'esprit. Jamais tant de semences d'idées n'avaient flotté dans une atmosphère plus favorable. Jamais horizon plus lumineux et plus vaste ne s'était ouvert devant l'intelligence, et jamais plus noble entreprise n'avait sollicité son effort. Il s'agissait de recueillir toutes les parcelles de vérité éparses ici-bas, toutes les certitudes expérimentales et rationnelles d'une part, et de l'autre tous les dogmes révélés, d'en saisir l'affinité intime et profonde, de les fondre, sous l'étincelle du génie, dans le creuset de la pensée, en une synthèse harmonieuse, afin d'en former le bronze des « Sommes théologiques ». Il s'agissait, avec le pur froment de la doctrine, de pétrir un pain substantiel pour les âmes, que les subtils poisons de l'erreur menaçaient déjà. Il s'agissait de leur construire, avec des matériaux éprouvés une hôtellerie logeable, spacieuse, bien aérée, bien éclairée, où elles pourraient s'abriter contre les bises glacées que l'esprit de mensonge commençait de souffler déjà dans « les ténèbres du dehors ».

Et tandis que les bons ouvriers de cette sublime besogne, Pierre Lombard, Guillaume d'Auvergne, Vincent de Beauvais, Albert le Grand, et le plus puissant de tous, Thomas d'Aquin, poursuivaient leur rude labeur ; tandis que, du haut de leurs chaires magistrales, ces docteurs, qui ne furent point dépassés, répandaient la lumière de leur enseignement, où les deux rayons de la raison et de la foi associaient et combinaient leurs clartés ; dans toutes les paroisses — et elles étaient trois fois plus nombreuses que

les communes d'aujourd'hui — les enfants
du peuple trouvaient, jusqu'au fond des
campagnes les plus reculées, auprès de
chaque presbytère et de chaque monastère,
une école gratuite où ils apprenaient à lire,
à écrire, à compter et à chanter. L'ignorance
au Moyen-Age est un de ces mythes éclos
dans les cerveaux enténébrés d'anticléricalisme, mais qui ne saurait tenir longtemps au
grand jour de la vraie science. Il n'y a pas
de gens dont la crédulité soit plus niaise
que ces hommes qui se prétendent affranchis
de toute croyance. Cette lèpre d'ignorance
ne s'étendit sur le sol de France que dans les
années qui suivirent la Révolution. Dans le
bouleversement qui accompagna la tourmente, les religieux et les prêtres, chargés du
service gratuit et populaire de l'enseignement, avaient été chassés, dispersés, martyrisés. Il fallut donc réorganiser peu à peu
ce qui avait été détruit. Du reste tel a
toujours été le progrès dans la société laïque ;
il consiste à faire faire par d'autres ce que
l'Église faisait tout aussi bien, mieux peut-
être, et à meilleur compte.

Dans les cloîtres cependant un travail

silencieux et fécond s'accomplit. Asiles de paix pour l'âme clarifiée et purifiée par la prière, laboratoires pour la pensée, ateliers pour les bras, vraies ruches d'activité collective et bienfaisante, foyers d'art et de civilisation, tels nous apparaissent les couvents, au point que l'on a pu dire que tout ce que nous avons de bon et de beau, nous le devons aux moines. Ils dessèchent les marais, ils arrachent les broussailles, ils cultivent assolent, façonnent la terre où muriront les épis d'or et les grappes vermeilles. Ils sauvent du naufrage des invasions barbares et patiemment recopient dans le demi-jour de leurs cellules les chefs-d'œuvre de l'antiquité classique. Ils polissent pour l'écrin des trésors liturgiques, les gemmes étincelantes des antiennes. Ils enchassent les perles fines des répons. Ils cisèlent les incomparables joyaux des séquences et des hymnes. Ils tressent, pour l'accrocher au frontispice de l'année, afin de glorifier Dieu et d'édifier les hommes, la merveilleuse guirlande des offices. Ils notent les inimitables accents de ces mélodies célestes qu'ils ont recueillies dans leurs extases, et qui demeurent l'ex-

pression définitive des joies et des douleurs,
des espoirs et des craintes, des repentirs et
des allégresses, qui font tressaillir l'âme
humaine, haletante en face de l'infini. Fiè-
vreusement penchés sur les pages de leurs
missels et de leurs eucologes, ils peignent
ces enluminures où resplendissent des tons
d'or, des verts d'émeraude, des rouges de
rubis, des bleus de saphir, des violets
d'améthystes, dont la poussière du temps
n'a pas altéré l'éclat et dont nous avons
perdu le secret.

Et maintenant, écoutez ces coups de
marteaux qui retentissent de toutes parts ; ce
sont les ouvriers qui taillent les pierres pour
les robes en dentelles des cathédrales, dont
l'Église a paré et drapé la France.
Partout elles surgissent au souffle ardent
de la foi. C'est une véritable végétation de
merveilles qui recouvre le sol. Et c'est
l'œuvre collective de toute la race, unissant
dans un effort magnifique, son génie, son
cœur, toutes ses facultés, toutes ses ressources. Les nobles donnent leurs terres,
les bourgeois leur or, le peuple son temps.
Alors les hautes et gracieuses colonnes

s'élèvent sous l'élan d'une sève infiniment riche, qui s'épanouit dans les gerbes des chapiteaux où revit toute la flore locale, qui monte, qui retombe, qui se divise dans les nervures en des touffes de branches fines et souples. Alors les murs s'ajourent pour faire place à des fenêtres immenses, à de gigantesques rosaces, dans le treillis desquelles s'allument, aux feux du jour, les braises ardentes et multicolores des verrières gothiques. Alors l'horizon des nefs s'étend dans les arrières-fonds des absides en des perspectives infinies. Alors les jetées de pierre des voûtes planent à de vertigineuses hauteurs. Les monuments de l'architecture antique, le Parthénon par exemple, empruntent leur beauté à la perfection avec laquelle les conditions de l'équilibre y sont respectées. Mais que dire de ces prodigieux édifices qui s'en affranchissent, qui se libèrent des lois de la pesanteur, et qui, sous l'action de l'esprit de foi qui les anime, semblent s'immatérialiser.

La cathédrale ainsi constituée est un monde. Elle est le monde lui-même des corps et des esprits, interprété, comme il doit l'être, ainsi qu'une louange à la gloire de son Auteur, et utilisé, comme il doit l'être également, pour le salut des hommes. Ce sont toutes les harmonies de la création spirituelle et matérielle, les hymnes des anges, les cantiques des saints, les murmures des brises, les sanglots des tempêtes, les mugissements des vagues, les grondements de la foudre, qui roulent et retentissent dans les voix puissantes des orgues. Ce sont tous les rayons de la lumière qui se jouent dans les facettes des vitraux, où l'on voit aux clartés du matin jaillir des étincelles, au soleil du midi flamber des incendies, aux lueurs du crépuscule passer des reflets de charbons incandescents. Ce sont les révolutions des astres qui se reproduisent dans les mouvements des horloges. C'est tout le mystère troublant des forêts qui hante ces avenues sombres et profondes. C'est tout le pullullement de la vie animale et végétale qui tressaille dans les ramures touffues des piliers. Ce sont tous les vices, toutes les passions basses, toutes les hideurs morales, qui s'expriment sur les faces grimaçantes et hideuses des monstres. Ce sont toutes les vertus des cœurs purs, toutes les ascensions victorieuses des volontés plus fortes que les tentations, toutes les triomphantes allégresses des consciences délivrées du mal, toute l'immatérielle beauté et toute l'enivrante béatitude des âmes installées dans le bien, par la persévérance ou le repentir, qui se traduisent sur les visages pacifiés des saints, dont les statues peuplent les niches des murailles. C'est toute l'armée céleste, anges aux ailes déployées, apôtres, martyrs, docteurs, pontifes, confesseurs, vierges, à travers les rangs desquels, resplendit la gloire du Christ leur chef, qui défile le long des portiques. C'est toute l'épopée divine et humaine, commençant à la chute, se poursuivant par la vocation des patriarches, la mission des prophètes, l'Incarnation du Verbe, la Rédemption des hommes, l'institution et la marche conquérante de l'Église, pour se clore à l'occident de l'édifice, afin que le soleil couchant éclaire cette dernière scène du monde, par les solennelles assises du jugement général et la vision finale de l'éternité. Ainsi la cathédrale, elle aussi, est une Somme, une synthèse complète des

choses, une encyclopédie totale et vivante.
Elle est vraiment, selon la touchante expression de nos pères « la Bible du pauvre »,
racontant en un langage accessible à tous
ce que chaque homme, venant ici-bas, a
le droit de savoir. Car il y eut dans l'histoire
de l'humanité deux époques, l'une à Athènes
sous Périclès, l'autre au XIIᵉ et XIIIᵉ siècles
chez nous, où non seulement une élite de
rares artistes, mais le peuple entier se
montra capable de comprendre la beauté, de
la goûter et de la produire ! Encore convient-
il de faire remarquer que le territoire où
s'étendaient les « dêmes de l'Attique »
représente une expression géographique
bien exiguë en comparaison de notre
pays, et que les chefs-d'œuvre d'architecture construits par le génie classique
des Grecs sont peu nombreux, auprès des
merveilles enfantées par le génie chrétien
de la France.

Et maintenant entendez cette rumeur
qui monte du sein de la société d'alors, cette
voix de la multitude pareille à la voix des
grandes eaux. Elle traduit les aspirations de
l'âme du Moyen-Age, en travail d'évolution

sociale, pour s'organiser dans l'ordre de la justice et de la charité, par l'autorité et la liberté. Jamais ces deux éléments, l'un de stabilité, l'autre de progrès, nécessaires au développement régulier de la vie d'une nation, ne s'étaient combinés, dans une formule plus heureuse. Jamais entre ces deux pôles de gravitation l'Histoire ne vit peut-être l'existence d'un peuple osciller avec un rythme plus harmonieux ! Loin de subir la loi stupide, étouffante et déprimante du nivellement égalitaire qui veut qu'un homme vaille un autre homme, comme une unité vaut une autre unité, ce qui est manifestement absurde, la société d'alors était organisée suivant une hiérarchie de valeurs à laquelle correspondait une hiérarchie de services. Au sommet se tenait le roi, dont les intérêts dynastiques et personnels s'identifiaient avec ceux du pays, et qui était ainsi l'organe de la conscience nationale. Or cet organe manque à notre constitution décapitée, de là le malaise dont nous souffrons. Car, dans l'émiettement des partis au Parlement, je trouve la représentation des coteries et de leurs appétits, mais où est l'organe représentant la France et ses intérêts ?

Ces vérités commencent à se faire jour à travers tout le fatras de mensonges et de préjugés sous lequel elles étaient enfouies. M. Denis Cochin racontait à la tribune de la Chambre qu'il avait un jour demandé à l'un de ces ouvriers parisiens, intelligents et instruits, comme il n'est pas rare d'en rencontrer, à quelle époque il aurait préféré vivre : « Au Moyen-Age, sous saint Louis ! » répondait celui-ci sans hésiter. C'était en effet l'époque des grands mouvements démocratiques, puissants et féconds, où les peuples, au lieu de se laisser entraîner par le vertige des passions politiques, dans le tourbillon d'une fureur de destruction et de ruine, cherchaient sincèrement à édifier et à bâtir ; où les princes, au lieu de les tromper et de les exploiter, les aidaient loyalement à réaliser des réformes viables et utiles, sages et bienfaisantes. Ainsi dirigé, le souffle de liberté qui les soulevait, loin de les porter aux excès regrettables, de les lancer dans des aventures périlleuses et folles, et de les précipiter aux abîmes où aboutissent nos soviets modernes, les poussait dans la voie des progrès véritables. C'était l'époque des franchises communales, et de la naissance des corporations destinées à protéger, à favoriser le travail, et à en sauvegarder les droits. Merveilleuse institution, à l'abri de laquelle l'industrie et le commerce français avaient pris un si bel essor ! Notre Révolution tout artificielle, tout abstraite, tout individualiste, égarée par l'idéologie jacobine, ignorante des réalités et des conditions de la vie, a brisé un jour, dans un geste de démence, l'organisme des corporations, sous prétexte d'émanciper l'ouvrier d'une tutelle odieuse. Le résultat fut de le laisser désarmé en face de la pire des tyrannies, l'omnipotence de l'État. Et c'est pour s'y soustraire que les syndicats d'aujourd'hui font revivre avec un nom différent, les corporations d'autrefois.

Une seule gloire a manqué à ce siècle, la gloire littéraire. Et si, dans cet ordre de choses, il n'a pas laissé de monuments impérissables par la souveraine beauté de la forme, ce n'est pas que le génie, l'originalité, l'inspiration, lui aient manqué ; les cathédrales, ces incomparables poèmes en pierre en sont la preuve, c'est qu'il n'avait à sa disposition qu'un instrument trop imparfait. Le latin qu'il parlait n'était plus celui de Cicéron, ni de Virgile, et la langue de Corneille de Pascal, de Bossuet, n'était pas encore formée. On nous pardonnera d'avoir insisté sur les grandeurs d'une époque, qui se présente dans l'Histoire avec un apport de cette qualité et que cependant l'ignorance ou la mauvaise foi ont tant méconnue.

Tel fut le milieu dans lequel Eudes se développa. On devine le magnifique épanouissement intellectuel que dut provoquer l'éclosion dans son esprit, de tous ces germes d'idées, qui flottaient, ainsi qu'un pollen fécond, au sein d'une atmosphère enfiévrée par le travail de la pensée.

LES DÉBUTS. — LE MONASTÈRE DE GRANDSELVES.

Où fit-il ses premières études ? On diffère d'opinion, selon le lieu où l'on fixe sa naissance. Dans cette fameuse abbaye de Varennes dont le rayonnement s'étendait sur toute la région de Neuvy, si l'on en croit les traditions qui traînent comme des fils de la Vierge, accrochés aux buissons de nos vieux chemins creux ? Chez les Cordeliers de Châteauroux, ainsi que l'indique l'obituaire de ce couvent, ce qui du reste n'empêcherait pas qu'il fût allé à Varennes d'abord et aux Cordeliers ensuite ? D'autres disent même chez les moines de Déols ! En somme on en est réduit à des suppositions. L'ombre enveloppera ainsi cette vie jusqu'à ce qu'elle se manifeste au grand jour, sur le vaste théâtre qu'elle occupera. Ce qui est certain c'est qu'il ira terminer ses études à Paris.

Les nobles âmes éprouvent l'attraction des cîmes. De très bonne heure Eudes se sentit porté au sacerdoce. Sa philosophie et sa théologie achevées, il conquit ses grades universitaires et fut ordonné prêtre. Bientôt après, vers l'an 1230, on le retrouve chanoine et chancelier de l'Église de Bourges, puis, vers l'an 1237, chanoine et chancelier de l'Église de Paris, où il fait partie d'une commission chargée d'examiner le Talmud. Telles sont les conclusions auxquelles on aboutit si l'on compare et si l'on additionne les documents fournis par La Thaumassière, *Hist. du Berry*, page 3.441, Catherinot, *Hommes illustres du Berry*, page 9, de la Tremblaie, *Esquisses pittoresques de l'Indre*, page 114.

La rapidité de cette ascension et l'importance des postes confiés à Eudes prouvent sa valeur. L'habileté et l'énergie dont il fit preuve dans le maniement des affaires délicates qui lui furent confiées attirèrent sur lui les regards du Pape. Innocent IV était en effet un merveilleux connaisseur d'hommes.

Mais si hautes que soient les dignités humaines, il y a des âmes dont l'humilité les dépasse toujours. Eudes, à la veille d'être appelé aux postes les plus brillants, va s'enfermer au couvent de Granselves. Cette abbaye, qui faisait alors partie du diocèse de Toulouse, et qui se trouverait aujourd'hui sur le territoire du diocèse de Montauban, avait été fondée en 1144 par Gérard de Salles, disciple du bienheureux Robert d'Arbrissel. On connaît en Berry Robert d'Arbrissel, qui fonda près de Maisonnais, au département du Cher, l'illustre monastère d'Orsan.

Certains ont essayé de contester l'entrée d'Eudes à Granselves. Et pourtant comment se montrer surpris d'une pareille détermination ? Quoi d'étonnant qu'engagé jeune encore dans les responsabilités graves et les rudes travaux d'une situation difficile et considérable, il ait songé à aller se détendre et se retremper dans la paix du cloître ? Eudes du reste a toujours manifesté une grande sympathie pour la vie religieuse. On sait avec quelle force il prit la défense des Franciscains et des Dominicains, alors que beaucoup, dans le clergé séculier, tenaient en suspicion ces ordres naissants. Mais on peut dire que la question a été tranchée par M. l'abbé Caillaux, vicaire général de Bourges, dans son intéressante brochure : « Le Précieux Sang de Neuvy ». On y lit en effet, page 41 : « Désirant compléter autant que possible les nombreux renseignements que j'avais recueillis sur notre illustre compatriote, j'écrivis à Frascati pour demander si l'on ne conservait pas, dans les archives de la Chancellerie épiscopale, quelques documents sur le célèbre évêque de Tusculum. Un vénérable chanoine titulaire, M. l'abbé Rossignoli, eut la bonté de me répondre le 18 septembre 1862 que, vers 1500, la salle des archives épiscopales ayant péri par les flammes, on n'avait pas de documents remontant au-delà de cette époque ; que l'on possédait néanmoins à Frascati le portrait du Cardinal Eudes avec ceux des autres Évêques de cette ville, et que, dans un appendice au synode de Frascati publié en 1764, se trouvait la liste des Évêques de Tusculum depuis l'an 269 jusqu'au cardinal duc d'York en 1400 ; que cet appendice renfermait, sur le cardinal Eudes, une notice dont le vénérable chanoine a eu la bonté de m'envoyer une copie. En voici la traduction : « Othon, Français, de Châteauroux, diocèse de Bourges, cistercien et bientôt abbé du monastère de Grandselve, fut nommé Cardinal-Évêque de Tusculum, par Innocent IV, au concile de Lyon, en 1244, époque à laquelle les Cardinaux ont commencé à porter le chapeau rouge. Après le concile de Lyon, il fut envoyé en France, en 1246, pour prêcher la croisade contre les infidèles et les Sarrasins. Il donna la croix à saint Louis, roi de France, et l'arma pour l'expédition transmarine. Lorsque saint Louis revint dans son royaume, sans avoir réussi dans son entreprise, à cause de la peste qui sévissait dans son armée, Othon revint en Italie et mourut plusieurs années après, à Orviète, le huitième jour avant les calendes de février 1273 [1] ».

La personnalité d'Eudes était de taille à s'imposer partout. L'abbé du monastère étant mort, il fut élu. On se rappelle les réponses de cet éminent religieux, consulté sur le choix de trois candidats à la dignité abbatiale, entre lesquels le scrutin hésitait. Le premier était un savant, « qu'il nous instruise, *doccat nos* ! » répondait le religieux. Le second était un saint, « qu'il nous édifie, *ædificet nos* ! » Le troisième était un sage ; « voilà celui qu'il faut élire, « *regat nos* ! » Eudes réunissait les trois titres ; science, sainteté, prudence.

LE CARDINALAT

Nous sommes en 1244. Le siège apostolique était alors occupé par un des plus grands

1. Voir Caillaud, p. 42.

Papes de l'Histoire, Innocent IV. Pour résoudre les difficultés avec lesquelles l'Église se trouvait alors aux prises, il convoqua à Lyon un concile, qui se réunit le 17 juillet de l'année suivante. 140 Evêques s'y rendirent. Eudes y avait été invité en sa qualité d'abbé. Les problèmes les plus importants et les plus épineux furent étudiés ; hérésie des Albigeois, schisme grec qui déchirait en deux la robe sans couture du Sauveur, chute de Jérusalem, protection des Lieux-Saints contre les invasions des barbares, organisation d'une croisade. Eudes suivait ces débats avec une attention minutieuse, apportant dans toutes les discussions auxquelles il était mêlé la sûre lumière de son jugement et de son érudition. Innocent IV ne tarda pas à le remarquer Pour l'attacher à sa personne et à ses conseils, il le nomma Cardinal.-Evêque de Frascati, l'ancienne Tusculum de Cicéron, l'un des six évêchés suburbicaires, à 16 kilomètres de Rome.

L'éclat de cette nomination était rehaussé encore par le magnifique éloge qui l'accompagnait : « *Virum secundum cor nostrum,* déclarait le Souverain-Pontife dans une lettre adressée à Eudes, *morum honestate decorum, litterarum scientia prœditum, et consilii maturitate prœlarum,* hommé selon notre cœur, distingué par ses mœurs honorables, doué de vastes connaissances littéraires et remarquable par la maturité de son esprit. »

La Croisade.

C'était en 1245. Le concile prenait fin. Eudes ne rejoignit pas immédiatement son poste. Il resta quelque temps en France pour s'occuper de la croisade, comme Légat du Saint-Siège. Cette haute mission lui fut confiée par le Pape, d'accord avec le roi saint Louis, qui l'avait en particulière estime et l'honorait de son amitié. Ce fut la période la plus active de la vie du Cardinal. La préparation d'une croisade représente en effet une tâche lourde et singulièrement compliquée. Il fallait d'abord en organiser la prédication à travers la France et par toute l'Europe. Le Pape lui écrit à ce sujet : « Comme les affaires de Terre-Sainte sont urgentes, Nous vous demandons de faire prêcher la croisade en Angleterre et en Allemagne, par tous ceux que vous jugerez capables et sur les lèvres desquels le Verbe de Dieu n'est pas enchaîné. Vous leur donnerez toute faculté d'accorder de votre part des indulgences aux fidèles qui viendront les entendre [1] ».

Il fallait décider les princes, car le courant d'enthousiasme qui soulevait les foules aux beaux jours de Pierre l'Ermite, était allé s'enlizer dans les sables brûlants de l'Orient, et il s'y était desséché, évanoui. Il fallait calmer les ambitions rivales, utiliser chacun à la place correspondante à ses aptitudes, tout en ménageant les susceptibilités. Il fallait équiper les gentilshommes dont les

---

[1]. Innocentius, venerabili fratri, episcopo tusculano, apostolicæ sedis legato, salutem.

Cum multum nos urgeat negotium Terræ Sanctæ, Fraternitati tuæ mandamus quatenus crucem in Anglia, Alamannia per discretos aliquos quos ad hoc idoneos esse cognoveris, et in quorum ore alligatum non sit Verbum Domini, facias prædicari, illis, quos ad hoc elegeris, autoritate nostra conferens potestatem dandi fidelibus, qui conveniunt ad audiendam prædicationem ipsorum, indulgentias, sicut viderint expedire.

Fonds Moreau, n° 1196, fol. 64.

apanages étaient insuffisants, se procurer des ressources, lever des subsides. Pour cela Innocent IV, à la prière de saint Louis, ordonne à son Légat de prendre le dixième de tous les revenus ecclésiastiques et de les remettre intégralement au roi [1]. Que de résistances devaient rencontrer par endroits ces contributions extraordinaires, jointes à celles qui étaient déjà exigées pour le Saint-Siège et l'Empereur de Constantinople ! Il fallait réprimer certains désordres. Parmi les Croisés tous ne sont pas très scrupuleux, ni même absolument honnêtes. Plusieurs, profitant de la situation privilégiée et de l'immunité que leur accorde l'Église, se livrent aux pires excès. Le 6 novembre 1246, le Pape déclare à Eudes qu'il doit abandonner ces malfaiteurs à la justice ordinaire. Il en est qui, ayant fait des vœux particuliers, s'affublent d'insignes bizarres, suggérées par la vanité plutôt que par l'esprit chrétien. Innocent IV signale le même jour ces

1. Regis Franciæ dignis precibus favore benevolo annuentes, mandamus Decimam in hegus regno omnium ecclesiasticorum proventum diligentu colligi et cidem integre assignari. Fonds Moreau, nᵒ 1197, fol. 35.

extravagances au Cardinal et lui demande d'y remédier [1].

Dans la mêlée. — L'administrateur.

Sur ces difficultés se rattachant à la croisade, d'autres viennent se greffer, qui pullulent, ainsi qu'une végétation épineuse, dont cette partie de l'existence du Cardinal est tout encombrée. Le Souverain-Pontife lui avait du reste donné plein pouvoir pour les résoudre. Il l'avait armé du glaive redoutable de l'excommunication. Eudes s'en servit rarement, et seulement quand tous les autres moyens avaient échoué. C'est à force de tact, de mesure, d'équité, qu'il réussit. On peut le suivre à travers les documents de la Bibliothèque nationale, dans le tumulte de ces années de fièvre.

Le Concile de Lyon avait duré du 2 juin

[1]. Innocentius, venerabili fratri, episcopo tusculano, apostolicæ sedis legato, salutem.

Cum multa sint votiva proficis centibus in subsidium Terræ sanctæ, fraternitati tuæ mandamus quatenus omnibus jam dudum quam noviter crucesignatis distincte præcipias ut deferant publice signum crucis, eos ad id, si necesse faccrit, per censuram ecclesiasticam, appellatione post posita, compescando. Datum Lugduni, VIII id. novembris, Pontificatus nostri anno quarto.

au 17 juillet 1245. Dès qu'il fut terminé, Eudes s'occupe d'en publier et d'en faire exécuter les décrets. Aux premiers jours d'octobre nous le trouvons à Paris, où il harangue les prélats et les barons, convoqués par le roi, pour délibérer sur la délivrance des Lieux-Saints. Sa parole ardente comme une torche enflamme l'assistance, dans les rangs de laquelle elle passe.

Le 10 novembre, il est à Sens, dans la métropole de la province, s'employant à réformer les mœurs du clergé sénonais.

Le 26 janvier 1246, il se rend à l'abbaye de Prémontré, où il apaise un différend qui s'était élevé sur le vrai sens et la portée exacte de certains privilèges pontificaux.

Le 16 février, il visite l'Eglise de Meaux et lui donne des statuts.

Au commencement de mars, il parcourt le Vermandois, et juge, les parties entendues, un procès entre le Doyen de Saint-Quentin et les Frères Prêcheurs de cette ville.

Au mois de juillet, il est de retour à Paris. Le roi l'y attendait pour terminer un arbitrage difficile. Marguerite, comtesse de Flandre, veuve de Bouchard d'Avesnes d'abord, puis de Guillaume de Dampierre, savait que les fils de ses deux maris devaient se disputer ses biens. Pour prévenir cette discorde, elle avait chargé le roi et le légat d'en faire le partage. Louis IX et Eudes se concertent et rendent leur sentence à la fin de juillet.

Eudes intervient encore dans les disputes que soulève l'opulent héritage de Mélissende, reine de Chypre. Mais, de toutes les affaires qu'il eut à régler au cours de sa mission de Légat apostolique en Occident, celle qui lui donna le plus de souci date du 4 janvier 1247. Un nombre considérable de seigneurs français s'étaient engagés par serment à étendre dans leurs domaines la juridiction des tribunaux civils, et à ne reconnaître aux tribunaux ecclésiastiques de compétence, pour juger les laïques, que dans les cas de prêt usuraire, d'hérésie, de mariage illicite ou défectueux. Le duc de Bourgogne, le comte de Bretagne, le comte d'Angoulême, le comte de Saint-Paul étaient à la tête de ce complot. Et l'on raconte qu'ils étaien. secrètement poussés par l'empereur d'Allemagne, et même encouragés par le roi de France. C'était l'une des phases les plus aiguës de l'incessant conflit entre les canonistes et les légistes, entre la puissance ecclésiastique et la puissance séculière. Innocent IV adressa à Eudes une lettre véhémente, où il lui ordonna d'user de toutes les armes de l'Église afin d'étouffer cette révolte. Eudes manœuvra avec tant d'habileté qu'il parvint à éluder la question et à en détourner les esprits qui s'y exaspéraient.

Le Prédicateur.

Toutes ces préoccupations, tous ces travaux ne le distraient pas du ministère de la prédication, pour laquelle il a un goût particulier et une rare facilité. C'est d'ailleurs surtout comme prédicateur qu'il est connu et apprécié de ses contemporains. On voudrait retrouver l'écho de sa voix éloquente, quand il revendiquait les droits de l'Église, quand il dénonçait et flétrissait les abus, quand il racontait aux foules les profanations des Lieux-Saints, quand il arrachait des poitrines de ces milliers d'hommes la formidable clameur, le grand cri victorieux qui remplit la prodigieuse histoire du Moyen-Age : « Dieu le veut ! Dieu le veut ! » Mais ces discours devaient être des élans passionnés, des jets spontanés d'enthousiasme. Ils n'ont pas été écrits, et, l'auraient-ils été, cette lave refroidie sur le papier aurait perdu la chaleur et l'éclat que lui communiquaient le mouvement et l'action de l'orateur. « La mer n'inscrit pas les murmures de ses grèves, le ciel n'inscrit pas les harmonies de ses sphères, les bois n'inscrivent pas les chants de leurs ramures ! »

Il existe cependant dans les bibliothèques du Vatican, de Crémone, de Brescia, et à la Bibliothèque nationale, une collection de sermons recueillis par les copistes comme des modèles de beau langage, et attribués par eux, sans aucune équivoque, à Eudes de Châteauroux. Les numéros 15.947 et 15.948 sont intitulés : « *Sermones venerabilis Patris Odonis, Episcopi Tusculani per totum anni circulum* ; sermon du vénérable Père Eudes, Évêque de Tusculum, pour tout le cours de l'année ». Plusieurs ont été légués par Eudes lui-même aux élèves de théologie, dirigés par son ami, Robert de Sorbon, qui mourut un an après lui, en 1274. On lit en effet sur la feuille de garde de l'un des volumes : « *Istud datum collegio seholarium studentium Parisiis, in theologia, quos regit magister de Sorbonio, canonicus Parisiensis. Ex legato Odonis, Episcopi Tusculani.* » Impossible d'avoir certificat d'authenticité plus régulier. Ce n'est pas sans un frisson de vive curiosité et de forte émotion que l'on ouvre ce recueil, où l'on s'attend à retrouver, à 800 ans de distance, les accents d'une grande âme éloquente. Cet espoir est vite déçu. Aucun de ces textes ne se rapporte d'ailleurs à la croisade. Au surplus le ton ordinaire de l'orateur est sans couleur, sans onction, sans vie ; et sa manière accuserait presque une certaine gaucherie dans l'expression. Nous sommes loin de la superbe ordonnance et de la magnifique architecture des sermons de Bossuet. Eudes possédait une merveilleuse mémoire, qui lui servait en abondance les sentences bibliques et profanes. Il les enchaînait les unes aux autres par de courtes paraphrases, mais, dans ce flot de citations, la personnalité de l'auteur est comme diluée et son inspiration comme noyée. Cette lecture laisse assez généralement une impression de fadeur, relevée pourtant çà et là par la verdeur et la saveur réaliste du langage de l'époque. Au milieu d'amplifications souvent banales, on a parfois en effet la chance de découvrir des passages d'une allure plus familière, plus dégagée, plus personnelle, où l'on entend le contemporain d'Innocent IV et de Louis IX émettre son opinion sur les questions qui intéressaient son époque. Dans l'ordre politique et social il se rallie au système théocratique. Le Pape, en vertu de l'institution divine et du pouvoir des clefs qui lui a été confié, est le chef à la fois spirituel et temporel de la société. Les rois relèvent de lui, ils ne sont guère que ses lieutenants. Eudes distingue à peine les deux glaives, ou, s'il ne les confond pas absolument, il les réunit dans la même main. Doctrine que devait du reste désavouer Léon XIII, dans une Encyclique célèbre, où il proclame l'indépendance des deux puissances et leur souveraineté, chacune dans sa sphère « *unaquœque in suo ordine maxima* ». Eudes est de ceux qui estiment que l'Église a besoin d'être réformée. Mais, au lieu d'obtenir ce résultat en l'isolant des affaires de ce monde, il veut qu'elle y soit mêlée davantage, qu'elle exerce plus librement son autorité sans limite, car tout ce qu'elle ne règle pas lui paraît désordonné. « Le Seigneur, dit-il, a fait deux luminaires ; il a chargé le plus grand de présider au jour, et le moins grand à la nuit. Puis il a fait les étoiles. Les prélats sont le soleil, les princes sont la lune, les religieux sont les étoiles ». Il aura donc des invectives violentes, parfois amères, contre les clercs trop obséquieux devant les princes, auxquels ils ont, d'après Eudes, mission de commander « En ce temps-ci, s'écrie-t-il, celui qui veut voir Jean doit l'aller chercher, non pas au désert, mais dans les palais et les cours. En ce temps-ci, Jean ne se nourrit pas de miel sauvage, ni de racines, on l'engraisse avec des plats préparés pour les tables royales. Autrefois Daniel et ses compagnons auraient préféré les légumes et l'eau pure aux mets et aux vins du roi. Maintenant on n'hésite pas à échanger les fèves et l'eau contre les viandes délicates et les vins généreux. Aussi Daniel ne reçoit plus de révélations, Jean n'est plus arrêté et mis en prison, Hélie ne fuit plus Achab ni Jésabel, il est devenu leur commensal ! D'où vient ce changement ? Vous me direz peut-être : nos rois, nos reines ne sont plus des Achabs, des Jésabels, des Hérodes, mais des Davids, des Josias, des Déboras, il n'est pas étonnant que Jean et Hélie résident dans leurs cours !... Puissiez-vous dire vrai ! Quoi qu'il en soit, de même que le roseau suit l'impulsion du vent, ceux qui vivent dans les cours suivent les mouvements des cours. S'ils reprochaient sévèrement leurs péchés aux gens des cours, au lieu de les flatter, ils seraient bannis sur l'heure. S'ils disaient à celui-ci : Il ne t'est pas permis de posséder l'épouse de ton frère, c'est-à-dire les biens de l'Église, et à celui-là, à ce roi, à ce prince : Tu as tué ton prochain et tu t'es ensuite emparé de son bien, Jean encourrait encore la colère d'Hérode et Hélie la fureur d'Achab ! »

On ne peut s'empêcher de songer, en lisant ces lignes que si, en notre siècle, qui prétend avoir inventé la liberté de discussion, un prédicateur tenait du haut de la chaire un pareil. langage, il s'exposerait à des poursuites judiciaires. Au Moyen-Age au contraire, rois et princes au lieu de se cabrer dans leur orgueil, s'inclinaient et se frappaient la poitrine, sous le fouet vengeur de cette rude et âpre parole ! « Mais, continue Eudes, pourquoi l'Église est-elle ainsi déchue de son antique puissance ? C'est parce que chacun, prêtres et fidèles, préfère son bien-être à la gloire du Christ. Aux prélats qui savent les flatter et leur plaire, les rois distribuent les faveurs, et plus l'Église s'humilie devant les princes, plus elle s'enrichit. Pour se relever, il faudrait qu'elle s'appauvrît ! »

En somme l'idéal proposé par le Légat aux ecclésiastiques de son temps se rapproche de celui que prêchaient les Ordres mendiants si florissants alors, et qui s'exprimait avec tant de perfection en saint François d'Assise. Le Cardinal Eudes avait une vraie dévotion pour cette figure séraphique du « poverello », dont les traits émaciés et exténués par les jeûnes, les veilles, les mortifications, laissaient transparaître une âme si pure ! Pendant son séjour sur le siège de Frascati, il s'appliqua à la peindre en une série de panégyriques, dont douze ont été publiés sous le titre de « Sermons franciscains du Cardinal Eudes de Châteauroux ». Malheureusement le dessin de la fresque n'a pas tout le fini désirable.

Comme tous les bons esprits, aux vues nettes et justes, Eudes admettait une hiérarchie dans les sciences. La théologie à ses yeux en occupe le sommet. Toutes les autres, dont la fin est de nous initier à la vérité qui ne se réalise qu'en Dieu, lui sont subordonnées. Elles sont les servantes de cette reine, qui les domine puisqu'elle a pour objet Dieu lui-même. Intervertir cet ordre, Eudes estime que c'est pervertir la science. Et il trouve des comparaisons inattendues pour traduire sa pensée. « La Sainte Écriture, dit-il, a pour supports sept colonnes qui sont les sept arts libéraux, sans lesquels elle ne peut résister aux assauts des hérétiques et aux argumentations des gentils. Mais la science des arts libéraux doit être comme une première couche de peinture destinée à recevoir une couleur plus précieuse, la science des choses divines. Ceux qui s'appliquent aux arts avec l'intention de mieux comprendre l'Écriture font une œuvre aussi méritoire que s'ils étudiaient les Livres Saints, car le peintre avance-t-il moins son ouvrage le jour où il étend la première couche que le jour où il met la seconde ?... L'homme intérieur doit d'abord déjeuner de la science des arts libéraux et ensuite des saintes Écritures. Mais il faut prendre garde de ne pas tellement déjeuner qu'on ne puisse dîner. Il a été dit de ceux qui agissent ainsi : « Leur âme repousse toute nourriture », et dans les *Proverbes* « L'âme rassasiée méprise le gâteau de miel ». Pour ces gens-là les arts libéraux ne sont pas le chemin, mais le terme, comme s'ils devaient s'arrêter là, et ne pas aller plus loin. Ces gens continuent le déjeuner jusqu'au soir, ils sont alors incapables de dîner. Vieillards décrépits, les entrailles de leur mémoire sont devenues stériles, et la chaleur native de leur intellect s'est refroidie. Or les cuisiniers qui préparent ce déjeuner et ce dîner sont les professeurs des arts libéraux et des autres sciences, qui savent, dans leurs officines distinctes apprêter des mets variés ». L'orateur poursuit sur ce ton jusqu'à comparer Dieu lui-même à un cuisinier ! Ces extraits nous donnent une idée de la manière du Cardinal Eudes, et nous révèlent la tournure de son esprit, beaucoup moins dogmatique et spéculatif que pratique. Il prononça, au cours de sa longue carrière, dans des synodes, dans des assemblées de laïques, de très nombreux discours. Tous se développent à peu près suivant le même thème ; un commentaire d'un texte d'Écriture Sainte, accompagné d'applications morales. Sur ce terrain il se meut à son aise, on sent qu'il est là chez lui, et il lui arrive d'atteindre aux plus puissants effets. Mais c'est surtout comme documents historiques, et parce qu'elles reflètent les mœurs d'une époque, que ces pages sont intéressantes. Ici c'est la simonie qui est dénoncée avec une implacable véhémence. « *Hodie Christus venditur*, s'écrie-t-il, aujourd'hui on vend le Christ ! » Et il adjure le Pape, le Justicier suprême, d'empêcher ces marchés honteux. « O Vicaire de Jésus-Christ [1], levez-vous, montrez votre

---

1. Voici du reste le texte latin de cette supplique vraiment éloquente. Nous le citons conformément à la règle tracée par Léon XIII à l'Histoire ecclésiastique : « Ne quid falsi

dévouement à la cause de votre Maître, montrez que vous avez le zèle de sa maison, ne permettez pas que le fouet des justes sentences que vous avez promulguées contre les coupables soit rompu par la faveur, par la prière, par l'argent. Chassez les vendeurs et les acheteurs du temple dont vous avez la garde. Renversez, détruisez leurs tables et leurs comptoirs ! » Là c'est au népotisme qu'Eudes s'attaque. « La lionne va à la chasse, dit-il, pour nourrir ses lionceaux, ainsi certains s'emparent des biens de l'Église pour les distribuer à leurs familles ». Et il cite à cette occasion deux jolis distiques latins d'une fable tirée du « *Novus Æsopus* »

audeat, ni quid veri non audeat, ne pas risquer une seule erreur, ne pas craindre de dire toute la vérité ! »

« O Domine Jesu, quomodo permittis ementes et vendentes residere in templo tuo, et nummularios qui non mutuant pecuniam ad emendum quæ necessaria sunt divinis sacrificiis, sed ad emendum beneficia ecclesiastica, dignitates, et episcopatus ? Hodie non videntur habere locum in templo tuo nisi vendentes et ementes. O Vicarie Jesus-Christi, exsurge, et ostende quod zelum Christi habes, quod zelus domus ejus te comedit ! Et, facto flagello de funiculis, id est diversis sententiis, quas promulgasti contra tales, consolidatis et collectis in unum, non rumpantur favore, seu prece, seu pretio ! Ejice prædictos, et maxime vendentes de Ecclesia tibi commissa, et mensas nummulariorum et mercatorum curiæ tuæ, imo verius fæneratorum averte et destrue ! » Man. lat. 16.507, fol. 330, col. I.

d'Alexandre Nectaire [1]. Ces sortes decitations ne sont du reste point rares dans ses œuvres, et elles prouvent que ses connaissances littéraires s'étendaient tout aussi bien aux écrivains profanes qu'aux auteurs sacrés.

Ailleurs il flétrit les désordres des monastères [2], où la vigilance des prieurs s'endort, où l'immortification des abbés ne se contente pas de la table commune, où les rigueurs de la discipline frappent sans pitié les manquements des simples moines, alors qu'une complaisance odieuse absout trop facilement les fautes des dignitaires. Il proteste contre le cumùl des bénéfices. Il blâme les curés

1. Lœna rapit ut det leunculis suis, sic et nostri prælati ut cleri nepotibus et cognatis. Unde in quæ dam fabula dicit les, duni cervum captum animalia vellent inter se dividere :

Jure sodalicii pars prima datur mihi cervi,
Ut regi dabitur altera jure mibi,
Et quia plus valeo pars est mihi tertia cervi,
Quartam quis tanget, hic meus hostis erit !
Sic rapiunt modo prælati nostri bona Ecclesiæ ut parentibus suis ea largiantur. Similiter est in religione, ubi majores omnia rapiunt et expendunt ».
HERVIEUX, *Les Fabulistes latins*, t. II, p. 792.

2. Hic minores religiosi optime verberantur, majores autem, licet multa commiserint, relinquuntur impuniti... Communia debent habere cibaria claustrales et prælati. Manusc. de la B. Mazarine, fol. 22 *Sermo Magistri Odonis de Castro Rod.*

qui désertent leurs paroisses, sous prétexte
d'aller étudier à Paris [1].

Quels abus l'impitoyable censeur trouvait
à signaler même dans ces âges de foi ! N'en
soyons ni surpris, ni scandalisés ! « Partout
où il y a de l'homme, il y a de *l'hommerie* »,
disait fort justement Joseph de Maistre.
L'Histoire ecclésiastique est en somme une
expérience divine qui se fait avec des moyens
humains. L'Église est comme le Sacrement
perpétuel et universel du Christ, dont la
présence au milieu de nous est ainsi cachée
sous la chétive enveloppe, sous les frêles
espèces de notre humanité misérable.
On peut dire que l'Église est faite à l'image
de l'Incarnation dont elle n'est d'ailleurs
que le prolongement, en ce sens qu'elle
couvre sa réalité divine sous le voile d'une
chair humaine ; avec cette différence toutefois que l'humanité dans le Christ n'avait
connu que nos infirmités physiques, tandis
que dans l'Église, elle n'est point exempte
de nos faiblesses morales. Ces défaillances

1. Quid de illis sacerdotibus qui cursitant Parisios per
vicos et plateas, et per quorum absentiam multi periclitantur.
Fol. 176, *Sermo Magistri Odonis de Castro Rod.*

elles-mêmes du reste ne contribuent-elles pas à prouver sa divinité ? Assaillie par ses ennemis, mal défendue par ses propres enfants, si elle tient debout depuis vingt siècles c'est que son point d'appui est plus haut que la terre et qu'il est situé en Dieu même.

Quand le Cardinal Eudes mourut, un prélat romain écrivait à Étienne Tempier, Évêque de Paris : « Je ne sais pas s'il reste au monde un homme qui le vaille, *nescio si similis ei in mundo permanserit* ! » En dépit des succès oratoires qu'il eut auprès de ses contemporains, il faut conclure que ce n'est cependant ni comme prédicateur, ni comme écrivain [1] qu'Eudes mérite surtout ce bel éloge, ratifié d'ailleurs par tous ceux de sa génération. Notre goût moderne n'est charmé

---

1. Mentionnons, parmi les écrits du Cardinal Eudes, la longue série de Mandements qu'il a eu l'occasion de publier dans l'exercice de ses fonctions de légat. Deux d'entre eux surtout sont curieux par les pratiques qu'ils nous révèlent C'est d'abord celui qui est adressé aux chanoines de Paris. Nous y voyons que, pour se distraire, ils entretenaient dans leur cloître des ours, des singes, des cerfs. Eudes les blâme. C'est aussi celui qu'il envoie aux Chanoines de Sens. On y apprend que les jeunes clercs avaient d'étranges façons de célébrer les fêtes de saint Jean-Baptiste, des Saints Innocents et de la Circoncision. Ils figuraient aux offices avec les accoutrements les plus bizarres, la tête couronnée de fleurs. En ces temps de foi naïve, l'église servait même de théâtre. Eudes interdit ces usages.

ni par sa pensée qui nous paraît dénuée d'originalité, ni par son style qui nous semble dépourvu d'élégance. Et en vérité les Augustin, les Chrysostome, les Basile, les Athanase, surent trouver d'autres accents ! Sa gloire n'est donc pas à proprement parler, une gloire littéraire. C'est à d'autres qualités, c'est à l'étendue de ses connaissances, à la sûreté de son jugement, à la prudence de ses conseils, à sa science pratique des hommes et des choses, à la noblesse de son caractère qu'est due sa grande réputation. Il était plutôt un homme d'administration et de gouvernement, et peut-être s'apparenterait-il moins à la famille spirituelle des Bossuet ou des Fénelon qu'à celle des Richelieu ou des Mazarin.

CONSÉCRATION DE L'AUTEL DE NEUVY ET DE LA SAINTE-CHAPELLE DE PARIS.

Deux fois encore, avant de s'embarquer pour la Croisade et de quitter la France pour n'y plus revenir, Eudes aura l'occasion de revoir son cher Berry.

Le 19 juin 1246, en la fête de la Trinité,

il est à Neuvy, pour consacrer le maître-autel
de la vieille Collégiale dédiée à saint Jacques
le Majeur. Ceux qui fixent à Neuvy le berceau
du Cardinal trouvent dans cette démarche
un argument dont la force n'échappe à
personne. Car Neuvy était alors sans importance. Quel motif aurait pu déterminer un
prince de l'Église à donner à cette humble
bourgade une pareille marque d'intérêt, qui
du reste devait être le prélude d'une autre
plus insigne encore ? Il est vrai que l'année
suivante, 4 avril 1417, il ira à Déols accomplir
une fonction semblable ; et les partisans de
Châteauroux ne manqueront pas sans doute
d'en tirer une preuve en faveur de leur thèse.
Mais il faut reconnaître que l'abbé de Déols
avait assez de célébrité et son abbaye assez
d'éclat pour déterminer un tel déplacement.
Au surplus nul ne conteste qu'Eudes ait
au moins séjourné quelque temps à Châteauroux, à supposer qu'il n'y fût pas né. Or cette
seule considération suffisait à l'y attirer en
la circonstance. Aucune relation ne nous est
parvenue des fêtes magnifiques que nos pères
organisèrent sans doute alors et sur lesquelles
la présence d'Eudes jeta les splendeurs de la

pourpre sacrée dont il était revêtu. On a seulement conservé aux archives de l'Indre une lettre adressée aux Chanoines de Neuvy et accordant, au jour anniversaire de cette consécration, pour en perpétuer la mémoire, une indulgence à ceux qui visiteront leur église. En voici la traduction : « Eudes par la miséricorde divine évêque de Tusculum, légat du Saint-Siège apostolique, à nos bien aimés en Jésus-Christ, le prieur et le Chapître de Neuvy, diocèse de Bourges, salut en Notre-Seigneur Jésus-Christ.

Bien que Celui qui donne à ses fidèles la grâce de le servir dignement, leur décerne encore, dans l'abondance d'une charité qui dépasse nos mérites, nos vœux et nos prières, des récompenses supérieures à la valeur de leurs services ; désireux à notre tour de rendre le peuple chrétien plus agréable à Dieu, nous lui accordons de précieuses faveurs spirituelles, à savoir des pardons et des indulgences, pour l'amener à plaire au Ciel et le rendre ainsi plus apte à recevoir la grâce d'en haut. Voulant donc que votre église soit fréquentée et convenablement honorée, par la miséricorde du Dieu tout-puissant, par l'autorité des bienheureux apôtres Pierre et Paul et la nôtre, à tous ceux qui, pénitents et confessés, visiteront avec dévotion et respect cette église le jour anniversaire de la consécration du maître-autel, que nous avons dédié en l'honneur de la Sainte-Trinité, Père, Fils, Saint-Esprit, en l'honneur de la croix victorieuse et du Saint-Sépulcre de Notre-Seigneur, en l'honneur de saint Jacques apôtre, trois jours avant et quatre jours après la consécration, nous accordons remise de cent jours sur les pénitences qui leur ont été imposées. Seuls les fidèles du royaume de France pourront gagner cette indulgence.

Donné à Neuvy, aux ides de juin 1246. »

Le 26 avril 1248, pendant l'octave de Pâques, une cérémonie semblable avait lieu à Paris, et Eudes la présidait. Pour servir de reliquaire à la couronne d'épines et à un fragment de la vraie croix, saint Louis avait fait construire la Sainte-Chapelle, délicieux joyau d'architecture gothique. Il ne voulut pas partir pour la Croisade, sans que la dédicace en fût célébrée. Il désigna Eudes pour consacrer l'édifice supérieur ; et, pour consacrer la crypte, Philippe Berruyer, Archevêque de Bourges. Tous les honneurs de cette journée furent donc pour le Berry. Les prélats qui y prirent part accordèrent aux fidèles une indulgence commémorative, en une lettre dont le texte a été conservé : « Les Archevêques de Bourges, de Sens, de Rouen, de Tours, et les Évêques de Soissons, d'Amiens, de Senlis, de Langres, de Chartres, d'Orléans, de Meaux, de Bayeux, de Narbonne, à tous les fidèles du Christ qui verront les présentes lettres, salut éternel, en Notre-Seigneur .

Si le peuple d'Israël, qui vivait à l'ombre de la loi, se rendait souvent au lieu que le Seigneur avait choisi pour s'y faire honorer et y offrait en grand nombre ses dons et ses prières, à plus forte raison le peuple chrétien, auquel la bonté et la bienveillance du Sauveur se sont manifestées, est-il obligé de visiter, avec les honneurs convenables, ces églises dans lesquelles Jésus-Christ vivant, immortel et incorruptible s'immole chaque jour sur l'autel, pour laver la tache de leurs crimes et lui offrir aussi, avec leurs présents, la pureté de leurs cœurs. Car tous les hommes sont destinés à attendre prudemment et leur mort et leur destinée future, aussi longtemps que la chair est en opposition avec l'esprit et l'esprit avec la chair. En effet personne ne vit sans commettre de fautes, et tandis que ce monde existe, ou mieux tandis qu'il passe, les fautes et les dettes s'acquittent plutôt par les œuvres de piété en visitant les églises consacrées. Et comme, par la bonté du très illustre roi, notre maître, elle a été construite dans le Palais même de Paris, en l'honneur de la sainte couronne et de la oroix victorieuse de Notre-Seigneur, et qu'elle a été, avec la même bienveillance, consacrée par le Révérend Père Eudes, Évêque de Tusculum, Légat du Siège apostolique, il nous plaît, par l'autorité du dit seigneur Légat, dans ce jour où la dite chapelle a été dédiée, d'accueillir avec miséricorde ceux qui s'y rendent mettant leur confiance dans la grâce de Dieu et dans les mérites des bienheureux Apôtres, Pierre et Paul. C'est pourquoi à tous ceux qui visiteront chaque année avec dévotion et révérence la dite Chapelle en la fête de sa dédicace, et pendant les octaves, Nous faisons remise d'un an pour les pénitences à eux imposées ; faisant les présentes lettres à la perpétuelle mémoire de cette indulgence, lesquelles sont revêtues de la garantie de notre sceau.

Donné au mois d'avril de l'an 1248 de l'Incarnation du Seigneur. »

De son côté Eudes écrit le 27 mai suivant : « Eudes, par la miséricorde divine, évêque de Tusculum, Légat du Siège apostolique, à tous ceux qui verront les présentes lettres, salut en Notre-Seigneur Jésus-Christ.

Le Dieu tout-puissant, dont le Fils unique, Jésus-Christ, fut une fois immolé sur l'autel de la Croix, afin qu'en mourant il arrachât ses fidèles à la mort éternelle, veut être honoré avec dévotion dans les lieux qu'il a choisis. C'est pour cette raison que notre seigneur Louis, roi de France, a fait bâtir, dans son palais, à Paris, une chapelle destinée à recevoir et à conserver la sainté couronne et le victorieux étendard de la Croix du Sauveur. Voulant que dans cette chapelle, par nous consacrée avec tous les honneurs convenables, dans l'octave de la Résurrection du Seigneur, en présence de nos assistants, les archevêques de Bourges, de Sens, de Rouen, de Tours, de Reims, et les évêques de Laon, de Soissons, de Senlis, de Langres, de Chartres, d'Orléans, de Meaux, de Bayeux, d'Évreux, et de plusieurs autres prélats, les dites Reliques soient vénérées, Nous accordons volontiers par la grâce du Dieu tout-puissant, par les mérites de ses bienheureux Apôtres, Pierre et Paul, et par l'autorité dont nous sommes investi, à tous ceux qui visiteront respectueusement cette Chapelle, en la fête et l'octave de sa dédicace, un an et quarante jours d'indulgences pour les pénitences à eux imposées ».

Donné à Paris le 6e jour des calendes de juin de l'an du Seigneur 1248. »

LE DÉPART POUR L'ORIENT.

Eudes cependant ne perd pas de vue l'expédition de Terre-Sainte. Les préparatifs poussés activement sont terminés. Le 23 février 1248, le Pape notifie à tous les barons qu'il nomme Eudes, Légat plénipotentiaire en Orient et chef spirituel de la Croisade. Il lui écrit dix-huit lettres, lui déléguant une

autorité absolue, lui traçant son programme,
et lui indiquant la ligne de conduite à suivre.
La première lui confère son titre de Légat
pour l'Orient, la seconde lui recommande de
faire prêcher la Croisade partout, de veiller
à ce que les croisés endettés ne soient pas
actionnés en justice, en particulier par les
créanciers juifs, de maintenir le bon accord
entre les princes, qui, nés querelleurs et
batailleurs, n'ont point changé de caractère
le jour où, soit par ambition, soit par fantaisie, soit par devoir, ils ont pris la croix.
Ce sera la partie la plus ardue de la tâche du
Cardinal. Les autres lettres enfin lui permettent d'absoudre les excommuniés, les
incendiaires, les sacrilèges, les hérétiques, les
simoniaques, tous les criminels qui se seront
enrôlés sous les étendards du roi. Elles lui
donnent plein pouvoir de publier en tout
lieu les statuts du Concile de Lyon, de
dispenser les clercs en cas de naissance
défectueuse, d'agir contre les délinquants à
quelque ordre qu'ils appartiennent, templiers,
hospitaliers de Saint-Jean, sans tenir compte
de leurs exemptions ou privilèges, de prononcer, en entière indépendance et souve-

raine liberté, telle sentence qu'il jugera opportune, contre les rois, les ducs, les évêques et n'importe quel dignitaire ecclésiastique ou laïque. En somme l'autorité d'Eudes en Orient sera celle du Pape lui-même dans toute la chrétienté, la délégation est complète. Parmi ces lettres, il en est une qui mérite d'être citée comme témoignage de l'âpreté litigieuse de nos pères : « Il nous revient, écrit le Pape, que plusieurs, ayant obtenu du Saint-Siège licence d'assigner leurs adversaires devant différents juges à leur choix, les assignent malignement devant tous ces différents tribunaux à la fois, afin que, fatigués de tant d'embarras et qu'effrayés de tant de dépenses, ils se rendent à merci, et même offrent des sommes d'argent pour être délivrés des ennuis de tous ces procès. Désireux de remédier à la malice des hommes, nous demandons à Votre Fraternité, en la prudence de qui nous avons mis toute notre confiance, d'agir énergiquement aussi bien auprès des juges qu'auprès des partis, pour empêcher que ces désordres ne se renouvellent [1] ».

1. Fonds Moreau, n° 1196, fol. 62 et suiv.

En même temps, Innocent IV écrivait une lettre collective aux Archevêques, Évêques et Prélats établis à Jérusalem et à Chypre, et des lettres particulières au roi d'Arménie et au Prince d'Antioche, pour leur enjoindre d'accueillir Eudes comme lui-même, et d'obéir à toutes ses directions.

Eudes est encore à Paris, en mai 1248, où nous le voyons témoin d'un accord entre le Chapitre de cette Église et les officiers de la couronne. Mais, au commencement du mois suivant, il lève l'oriflamme de Saint-Denys, et la remet au roi. On sait l'origine de cette célèbre bannière, tellement mêlée à notre ancienne vie nationale que l'âme française frissonne dans ses plis. La tradition prétend que c'est le labarum miraculeux, montré à Constantin dans une vision célèbre et porté ensuite à la tête des légions romaines. Léon III le remit à Charlemagne, en le sacrant empereur d'Occident. Celui-ci le plaça dans son château de Montjoie sur la terre de l'Ile-de-France. Il est ensuite déposé à l'abbaye de Saint-Denys. C'est là que les rois le faisaient prendre aux heures solennelles et tragiques, pour le présenter aux armées.

Telle est du reste, l'origine du vieux cri de guerre de nos pères :. « Montjoie-Saint-Denys ! »

L'oriflamme fut levée au cours de la grande guerre, par le Cardinal Amette en d'émouvantes et inoubliables cérémonies. Le 15 juin 1917, il y appose l'emblème du Sacré-Cœur, qu'il installe ainsi aux racines mêmes de notre pays. Le 1er juillet il l'introduit à Montmartre où elle vient saluer Paris et la Basilique du vœu national. Ces grandes dates rejoignent et prolongent la chaîne glorieuse des hauts sommets de notre Histoire. Le gouvernement qui ne s'y est point associé n'a pas su continuer la France.

Les reines Blanche de Castille et Marguerite de Provence s'opposèrent de tout leur pouvoir au départ de saint Louis. Ses conseillers joignirent leurs instances pour le dissuader de son projet ; « car, remarque-t-on, bien qu'il fût de taille élevée et de belle apparence sous les armes, il resta toujours débile de santé et impropre aux grandes fatigues. » Il demeura néanmoins inébran-lable dans sa résolution, et ce prince, qui ne fut un roi si accompli que parce qu'il fut un grand saint, pour la première fois désobéissait à sa mère. En même temps que l'oriflamme, il reçut d'Eudes la gibecière et le bâton des pèlerins ; et, suivi de ses barons, de ses chevaliers, et de ses soldats, tous marqués du signe de la croix, il part. La reine Marguerite son épouse l'accompagna jusqu'à Marseille, mais à Cluny il fit ses adieux à la reine Blanche qu'il nomma régente du royaume. La mère et le fils ne devaient plus se revoir ici-bas. On se dirigea vers Aigues-Mortes, où l'embarcation eut lieu le 22 août 1248. Le Pape avait défendu qu'on délie de leur vœu les Croisés qui reculeraient à la vue de la mer. En des pages d'une savoureuse et délicieuse naïveté, le sire de Joinville raconte les émotions qu'il éprouva alors. « Nous entrâmes, dit-il, en la nef, au mois d'aoust, celui an ; et fut ouverte la porte de la nef pour faire rentrer nos chevaulx, ceulx que nous devions emmener oultre mer. Et quand tous furent entrez, la porte fut reclouze et estouppée, ainsi comme l'on fait un tonnel de vin ; pource que, quant la nef est en grant mer, toute la porte est en eau. Et tantôt le maistre de la

nef s'écria à ses gens qui estaient au bec —
à la proue — sommes-nous à point ? Et ils
dirent que oy vraiment. Et quand les
presbtres et les clercs furent entrez, il les
fist tous monter au château de la nef et
leur fist chanter en nom Dieu qu'il nous
voulsist bien conduire. Et tous à haulte voix
commencèrent à chanter ce bel hymne :
Veni, creator spiritus, tout entier de bout
en bout, et en chantant les mariniers firent
voile de par Dieu. Et incontinent le vent
s'entonne en la voile, et tantost nous fist
perdre la terre de vue, si que nous ne vismes
plus que le ciel et la mer. Et chacun jour
nous nous éloignasmes du lieu dont nous
étions partiz. Et parce veux-je bien dire
que icelui est bien fol, qui sut avoir quelque
chose d'aultrui ou quelque péché mortel en
son âme, et se boute en tel danger. Car si
l'on s'endort au soir l'on ne sait si on se
trouvera le matin sous la mer [1] ».

Le 17 septembre les Croisés arrivent à
Chypre. Durant les deux années qui précé-
dèrent l'expédition, le Roi et le Légat avaient
eu la précaution d'amasser d'abondantes

---

1. V. MASSEREAU, *Eudes de Châteauroux*, ch. II.

provisions dans cette île. On y passe l'hiver. C'est à cette époque sans doute que se rattache la mission nouvelle confiée par le Pape à son Légat. D'incessants conflits divisaient, chez les Cypriotes, les Grecs et les Latins. Innocent IV demande à Eudes de les réconcilier. Ce n'était pas chose facile. L'Archevêque latin, Hugues de Fagiano, avait la réputation d'être un homme de caractère mal commode et d'entretenir par d'inopportunes rigueurs les animosités entre les chrétiens des deux rites. Eudes, d'humeur plus conciliante, avait proposé des conditions de paix que le Saint-Siège avait acceptées. Mais, pour aboutir à un résultat, de longues négociations eussent été nécessaires. Eudes s'éloigna trop tôt.

En Terre-Sainte.

Le 4 juin 1249 en effet, nous voyons l'armée des Croisés aborder à Damiette. La chaloupe qui portait l'oriflamme arrive la première. Dès qu'il s'aperçoit qu'elle a touché la terre, saint Louis, sans attendre que la barque qu'il montait soit entrée au port, se précipite dans les flots, en brandissant son épée, malgré les efforts que fit, pour le retenir, le Légat qui se tenait près de lui, la croix à la main. Joinville n'a pas manqué de noter ce détail : « Le bon saint homme de Roi, dit-il, n'eust pas loisir que le vaisseau où il estait fût à terre. Mais il se jette, oultre le gré du Légat qui estait avec lui, et fut en eau jusqu'aux épaules ».

Quand les troupes furent débarquées, Eudes les fait ranger en procession, prend lui-même avec la croix la tête du cortège et se dirige sur Damiette. Abandonnée subitement des Sarrasins, qui s'enfuient à l'approche des Croisés, la ville se rend sans résistance. A peine le Cardinal y est-il installé que son premier soin est de purifier la mosquée, d'y célébrer une messe solennelle d'action de grâces en l'honneur de la Sainte Vierge, et d'y faire chanter le *Te Deum*. Cependant la barque du comte de Poitiers, frère du Roi, avait été emportée par un remous des vagues et un caprice du vent vers la côte de Saint-Jean-d'Acre. Pour obtenir son heureux et prompt retour, Eudes ordonne trois processions. Joinville s'attribue le mérite de cette inspiration. « Lors me souvins du bon Doyen de Mora, dit-il, et racontai au Légat la façon et manière, comme par trois processions qu'il avait fait faire en la mer, nous fûmes délivrés d'un grand péril où nous étions. Le Légat crut mon conseil, fit crier trois processions que l'on aurait trois samedis. Et ainsi fut fait, et à chacune des fois le Légat faisait sermon, Là étaient le Roi et autres grands seigneurs, à qui le Légat donnait grand pardon, après qu'ils avaient ouï le sermon ».

Impressionnés sans doute par l'arrivée des Occidentaux, les Tartares envoient des messagers à saint Louis, pour lui annoncer leur intention de se convertir au Christianisme. Quelle part de spontanéité et de loyauté y avait-il dans cette démarche ? Il est difficile de le dire. En tout cas le Légat écrit au Pape et lui demande la ligne de conduite à suivre. La réponse d'Innocent IV nous a été conservée. C'est un chef-d'œuvre de tact et de sagesse. On y retrouve cet esprit de prudence et de conciliation qui a toujours inspiré l'Église. Soucieux de faciliter aux infidèles l'accès du salut, le

Souverain-Pontife demande qu'on ne leur impose pas des fardeaux plus lourds qu'ils n'en peuvent porter. Il les dispense donc des préceptes purement ecclésiastiques. Il se contente pour eux de l'observation de la loi naturelle. A mesure que la grâce pénétrera et travaillera ces âmes, le Cardinal, qui stimulera leurs progrès dans la voie du bien, les amènera peu à peu à la pratique complète. Il ne paraît pas qu'il ait obtenu de grands succès ; ce qui laisse planer bien des doutes sur la sincérité des dispositions des Tartares.

Vers la même époque le Pape, qui suivait avec une attention sans cesse en éveil tous les événements de la Croisade, écrivait à Eudes deux lettres qu'il convient de mentionner. Dans la première il chargeait le Légat de rétablir sur le trône de son père la veuve de Roismond IV, prince d'Antioche, Melissende, fille d'Amaury, roi de Jérusalem. Ce détail marque le droit reconnu alors et d'après lequel les territoires n'étaient pas la propriété de ceux qui les avaient conquis. C'était au Saint-Siège à en disposer pour le plus grand bien de la chrétienté. La seconde lettre présente de l'intérêt pour l'histoire numismatique orientale. Le Pape s'indigne de ce que, en particulier dans le royaume de Jérusalem, dans la principauté d'Antioche et dans la Tripolitaine, des chrétiens frappent leurs monnaies d'or ou d'argent à l'effigie de Mahomet, et les datent d'après l'ère musulmane. Innocent considère que c'est une véritable impiété que d'aider ainsi à perpétuer un souvenir odieux et il frappe d'excommunication ceux qui s'en rendraient coupables.

L'activité du Légat pourvoit à tout. Tandis qu'il s'applique à la solution des questions que lui signalent la vigilance et le zèle du Saint-Père, on le voit à Césarée, puis à Jaffa, distribuer des indulgences à ceux qui travaillent aux fortifications de ces villes et donner l'exemple en mettant lui-même la main à la besogne.

Les affaires cependant tournaient mal. Tant d'ambitions opposées, tant de convoitises divergentes que l'esprit surnaturel ne suffisait pas à apaiser, et que ni l'habileté, ni la fermeté du Légat ne parvenaient à accorder, divisaient les efforts des Croisés, paralysaient leurs mouvements, annihilaient leur action. Eudes se plaint aussi de la dissolution des mœurs. Un jour rencontrant Joinville, il serre avec émotion les mains du vieux sénéchal et l'entraîne à son logis. Là, il pleure abondamment, et, d'une voix brisée par les sanglots, il lui dit : « Les hérissons se cachent dans des trous quand ils craignent l'orage, ainsi bien des gens fuient vers les régions d'outre-mer, comptant y trouver moins d'occasions de péché. Mais, hélas, en ces terres lointaines, ils ont au contraire des occasions plus fréquentes que dans leur patrie, et ils se souillent davantage là où ils sont venus se sanctifier. » La sanglante défaite de la Mansourah fut la conséquence de tous ces désordres. Cet échec était l'un des plus graves que les Français eussent éprouvés en Orient. Eudes conseilla la retraite et s'enfuit lui-même pour échapper au péril imminent. Quel dommage que ce sage conseil n'eût pas été suivi ! Quel désastre eût été évité à l'armée ! Lorsqu'on se décida à s'y conformer, il était trop tard. Environnées d'ennemis, décimées par les maladies, les troupes furent obligées de se rendre, et le roi fut fait prisonnier. Ni son courage ne fut abattu, ni son prestige ne fut diminué. Il supporta sa captivité avec tant de noblesse que son vainqueur, saisi d'admiration pour son caractère, lui demande de l'armer chevalier. On connaît sa fière réponse : « Fais-toi chrétien, je te ferai chevalier ! » Voilà à quelles hauteurs le Christianisme est capable d'élever une âme !

En somme la croisade de saint Louis échoua comme les autres. Mais le mot de Joseph de Maistre demeure vrai : « Aucune ne réussit, l'ensemble cependant sauva la civilisation avec la chrétienté ! » Elles eurent un autre résultat encore, celui d'imposer à l'Orient l'ascendant du nom français, de nous conquérir un admirable patrimoine d'influence, de créer une véritable France du Levant, que tous les Gouvernements vraiment soucieux de l'honneur et de l'intérêt de notre nation se sont appliqués à conserver et à étendre. Mais cet effet moral, nul plus que saint Louis, par son équité et sa dignité, ne contribua à l'obtenir.

Le grand crédit dont il continuait de jouir auprès des banquiers italiens lui permit de fournir promptement aux émirs la somme énorme exigée pour sa rançon. Il dut y joindre la ville de Damiette, qu'il avait prise aux Sarrasins. Il était à peine délivré de captivité qu'une autre épreuve allait l'atteindre. Sa mère, la reine Blanche de Castille, était morte le 1er décembre 1252. Eudes en était avisé vers la fin de mars 1253. Le Roi se trouvait alors à Jaffa. Accompagné de son confesseur, le dominicain Godeffroy de Beaulieu, et de son chancelier, Gilles, archevêque de Tir, le Légat se rend chez lui, commence par lui rappeler l'obligation qui s'impose à l'âme chrétienne de s'abandonner en toute confiance et résignation filiale à la volonté de Dieu, et enfin il lui apprend la triste vérité. Ce fut pour Louis un coup en plein cœur. Il aimait tant sa mère ! Ce sentiment d'ailleurs est le dernier qui meure dans l'âme d'un homme, puisque les agonisants, dont les paroles expriment et résument toute la vie, appellent, en leur suprême détresse, leur mère ! Blanche du reste avait su se rendre nécessaire jusqu'au bout auprès de son fils, par l'ascendant peut-être excessif qu'elle était jalouse d'exercer sur lui. On sait avec quel soin elle l'avait élevé, de quelles vertus elle l'avait pétri, de quelles qualités elle l'avait orné, de quelle façon elle s'était appliquée à faire croître en pureté, vers le ciel, ce beau lys blanc, ce lys de France ! Ah ! il était bien son enfant, comme Augustin était l'enfant de Monique, le fils de sa chair, mais aussi le fils de sa pensée et de son cœur ! Elle partie, c'était son appui moral le plus sûr qui lui manquait, et toute âme, même la mieux trempée, en a besoin.

A cette nouvelle, le Roi jette de grands cris, tombe à terre et pleure longuement, amèrement. Sa foi le soutient cependant, et empêche sa volonté de succomber sous la violence du choc. Se traînant à genoux jusqu'à son crucifix, il prononce ces belles paroles : « Seigneur, je suis vous suis très reconnaissant de m'avoir conservé ma si aimable mère, vous me l'enlevez, c'est votre droit absolu. Il est vrai qu'il n'y avait personne au monde pour qui j'eusse plus d'attachement et de tendresse, mais puisque vous l'avez ainsi ordonné, votre saint nom en soit à jamais béni ! » Mais sa douleur était de celles qui ne veulent point être consolées.

Joinville pourtant s'y employa, il le fit avec une telle bonhomie, une telle rondeur qu'on est forcé de sourire à son récit : « Tantoust après, étant à Sajecte, le Roi eut nouvelle que Madame sa mère était morte, dont il mena si grand deul qu'il fust par deux jours en sa chambre, sans qu'on peust parler à luy. Et après deux jours passés, il m'enuia quérir par un de ses varletz de chambre. Et quand je fus devant luy, il s'escria en m'estendant les bras, disant : « Ah, sénneschal, j'ay perdu ma mère ! » Et je luy dis : « Sire, je ne m'en esbahis point, vouz savez qu'elle auait une fois à mourir. Mais je m'esmerueille du grand et oultrageux deul que vous en menez, vous qui estes tant sage prince tenu. Et vous sauez bien, fis-je, que la mésaize que le vaillant homme porte en son cœur ne luy doit apparoir au visaige. Car celuï qui le faict, il donne grante joie au cueur de ses ennemis et en donne courroux et malaise à ses amis [1]. Et lors je l'apaisay ung peu, et donc il fist faire oultre mer de beaux services

---

1. Cité par MASSEREAU, *Revue du Centre*, Eudes de Châteauroux.

pour l'âme de la feue bonne Dame, sa mère ».

La reine Marguerite, quoiqu'elle n'ait pas eu toujours à se louer de l'attitude souvent autoritaire et ombrageuse de la reine-mère, qui lui disputait avec tant d'âpreté la prépondérance dans les conseils du Roi, s'associa cependant aux regrets et au deuil de son époux.

Tout persuadait à saint Louis de retourner en France, son armée qui était épuisée, son royaume qui était abandonné ! Il s'attarda néanmoins plus d'un an encore en Terre-Sainte, achevant de fortifier Saïette, l'antique Sidon, Césarée de Cappadoce, afin de les préserver, contre les incursions des musulmans d'Alep en particulier, faisant des pèlerinages partout où sa piété le poussait, à Jérusalem, au Thabor, à Cana, à Nazareth. Eudes l'accompagnait, et l'on parle même d'un « sermon très pieux » qu'il fit dans cette dernière ville, après y avoir célébré une messe solennelle.

Le Roi se rembarque enfin à Saint-Jean-d'Acre. Il n'oublie pas d'ailleurs de laisser dans les places conquises des sommes assez considérables et des hommes en assez grand nombre. Le 7 septembre 1254, il rentre tristement à Paris. Mais le Légat ne revient pas avec lui. Il estimait que la mission qui lui avait été confiée en Palestine ne serait pas finie tant qu'il lui resterait une pièce d'argent à dépenser, et il répondait à Joinville qui l'engageait à les accompagner : « Mon intention est de demeurer un an encore en Acre, d'employer tous mes deniers à faire fermer et clore le faux-bourg d'Acre, afin qu'on n'ait rien à m'imputer à reproche, ni à me courir sus ». Belles paroles, qui attestent une fois de plus la délicatesse, la droiture, la grandeur d'âme du Cardinal Eudes.

Le Retour.

L'année suivante il retourne en Italie. Comme il le disait à Joinville, il avait hâte de revoir le Pape. Depuis saint Paul, tous les vaillants pionniers de l'Évangile ont éprouvé ce désir, ce besoin de se rapprocher de Pierre, pour trouver dans sa bénédiction la meilleure récompense de leurs rudes travaux et puiser dans ses encouragements la force de reprendre le lendemain leur pénible labeur, au poste où il lui plaira de les appeler.

Mais, en même temps qu'il avait été un bon soldat de Jésus-Christ, et un loyal serviteur de la Sainte Église, Eudes avait été aussi un des intrépides ouvriers de la grandeur française. Du reste, en vertu des lois qui n'ont pas cessé de gouverner notre Histoire, ces deux causes n'en font qu'une, leurs intérêts s'identifient.

Au mois de juillet 1255, nous le retrouvons à Anagni, où, sous les ordres du Souverain Pontife, il forme, avec Hugues de Saint-Cher, cardinal-évêque de Sainte-Sabine, et Étienne, cardinal-évêque de Palestrina, le tribunal qui jugea le fameux Joachim, abbé de Sambuccino et de Flora. Ce personnage, que, de son temps, on appelait « le prophète », était né en 1130, et mort en 1202, en Italie. Il s'était fait cistersien, avait obtenu de Célestin III l'approbation de ses constitutions, et laissait de nombreux ouvrages, où ses partisans croyaient découvrir d'authentiques oracles.

Peu de temps après Eudes eut la douleur de perdre son protecteur et son ami, le Pape Innocent IV, qui mourut à Naples le 7 décembre 1255. Mais son successeur, à l'élection duquel Eudes prend part, lui conserve la même confiance. Il continue de figurer, sous son Pontificat, dans les commisions qui traitent des affaires importantes de l'Église, en ce siècle dont l'activité intellectuelle fut si intense. Un livre venait de paraître, intitulé « Les Périls, » qui faisait grand bruit. Publié par Guillaume de Saint-Amour, docteur en Sorbonne et chanoine de Reims, il attaquait avec une extrême violence les Ordres mendiants, franciscains et dominicains. Eudes est chargé de l'examiner avec deux docteurs, saint Thomas et saint Bonaventure, qui comptent parmi les génies les plus puissants de cette époque, où l'on en vit éclore une si magnifique floraison, et dont l'un, saint Thomas d'Aquin, demeure l'un des plus grands noms de la pensée universelle. L'ouvrage fut condamné par une bulle datée du 4 octobre 1256.

L'ENVOI DES SAINTES-RELIQUES

Eudes maintenant a près de 70 ans. C'est l'heure où la somme des fatigues accumulées au cours de l'existence, presque

sans qu'on s'en aperçoive, par le seul effort
de vivre, donc de lutter, pèse sur les épaules
qui fléchissent. Et s'il est vrai que l'âge se
mesure, non seulement aux années parcourues,
mais aux distances traversées et aux difficultés surmontées, comme le prétendait
le Cardinal Lavigerie, qui fut lui aussi
un grand remueur d'hommes et d'affaires,
Eudes, malgré la vigueur de son tempérament
et le ressort de ses facultés, dut sentir passer
en lui le frisson glacé de la vieillesse. Il
fut amené à prendre un peu de repos. Le
Pape Alexandre IV, qui l'appréciait beaucoup, l'invita à se rendre près de lui, à
Viterbe, sa résidence favorite, et à y séjour-
ner quelque temps. C'est de là que sa pensée
s'envole vers le Berry, vers Neuvy, dont
les chères images, pieusement et fréquemment
évoquées dans la douce paix de cette arrière-
saison de sa vie, se mêlent à ses plus lointains souvenirs. Voulant, avant de mourir,
disposer des précieux trésors qu'il a rapportés de Terre-Sainte, et désireux de
témoigner à sa petite patrie l'attachement
fidèle qu'il lui garde, même au milieu des
plus grands honneurs, il envoie au Prieur

du Chapître de la vieille collégiale de Neuvy un fragment de la pierre du sépulcre de Notre-Seigneur, et, ajoute-t-il, ce qui a beaucoup plus de valeur encore « trois gouttes de sang par lequel nous avons été rachetés ».

L'envoi était accompagné d'une lettre qui est un monument vénérable, et que tout enfant du Bas-Berry doit entourer d'une vraie dévotion. Les anciens chanoines de Neuvy la lisaient aux leçons du IIe nocturne de Matines à l'Office du dimanche qui précède la saint Denys d'octobre.

« Eudes, par la miséricorde divine, Évêque de Tusculum, à nos chers fils en Jésus-Christ, le prieur et le Chapitre de Neuvy-Saint-Sépulcre, au diocèse de Bourges, salut. »

Toute l'histoire de l'Ancien et du Nouveau Testament et les règles des saints canons nous montrent très clairement que, nous devons nous attacher au service de Dieu. Ils nous montrent en quel honneur nous devons avoir, et avec quel respect nous devons vénérer les lieux consacrés au Seigneur, que l'on appelle temples ou basiliques. Mais quiconque a la foi catholique ne peut douter que les temples vivants de Dieu dont l'Apôtre dit : « Vous êtes les temples de Dieu et l'Esprit-Saint habite en vous », ne soient dignes d'une plus grande vénération que les temples matériels, puisqu'ils sont plus saints. Car, bien que les corps des saints soient morts d'une mort précieuse aux yeux de Dieu, ils vivent cependant d'une vie perpétuelle inséparablement unis à Dieu qui est la lumière et la vie, devenus pour nous des sources de grâces ; ce que prouvent les grâces nombreuses qui découlent sans cesse de leurs reliques, et les miracles éclatants que l'on voit s'opérer à leurs tombeaux. Car, si la volonté de Dieu fit jaillir d'un rocher une source abondante au milieu du désert, si la toute puissance divine fit sortir d'une mâchoire d'âne de l'eau pour étancher la soif de Samson, il ne doit pas être incroyable que des grâces découlent des tombeaux où reposent les ossements et les reliques des saints, comme on le dit des ossements des douze apôtres. Il ne doit pas être incroyable que ceux qui leur adressent de pieuses prières en reçoivent de nombreuses faveurs, en sorte qu'on ne les regarde plus comme morts mais comme vivants ! En effet si le cadavre d'un mort a été vivifié par le contact des ossements du prophète Élisée, à combien plus forte raison des miracles doivent-ils s'opérer par les reliques des saints au moyen de l'acte de foi ! Si donc les reliques des saints ont, comme le prouvent les miracles qu'elles opèrent, une si grande vertu qu'on doit leur rendre un culte honorifique, à combien plus forte raison, sans aucune comparaison, les reliques du Saint des saints, sans lequel il n'y a pas de saints et de qui tous les saints reçoivent leur sainteté doivent-elles être vénérées par-dessus toutes les autres reliques.

Voulant donc honorer, autant qu'il est en nous notre pays natal et lui donner une sauvegarde inappréciable contre les ennemis visibles et invisibles, considérant aussi la dévotion des fidèles qui, pour avoir toujours sous les yeux la passion et la mort de Notre-Seigneur ont fondé votre église en l'honneur du Saint-Sépulcre, substituant la ressemblance à la chose elle-même, et montrant ainsi l'affection qu'ils avaient pour le sépulcre de Notre-Seigneur, nous vous envoyons un fragment de la pierre de ce glorieux sépulcre de Notre-Seigneur ; et afin que la réalité soit unie à la figure, nous vous envoyons en même temps, ce qui est plus précieux que toutes les reliques, DU TRÈS PRÉCIEUX SANG DE NOTRE SAUVEUR, PAR LEQUEL NOUS AVONS ÉTÉ RACHETÉS ET LAVÉS DE NOS FAUTES. Honorez donc un si grand trésor, et conservez-le religieusement, parce qu'il est incomparablement plus précieux que l'or, l'argent et toutes les pierres précieuses. Nous vous conjurons de n'exposer ces Reliques que le saint jour du Vendredi-Saint, et le dimanche qui précède la saint Denys, jour auquel, à cause du respect dû à ces saintes reliques, nous avons obtenu une indulgence. Nous avons reçu ces saintes Reliques dans la Terre-Sainte, lorsque nous y remplissions les fonctions de Légat. Souvenez-vous de moi dans vos prières et saints sacrifices. Faites transcrire dans vos livres une copie de cette lettre, et faites-la lire le dimanche susdit, en place d'une ou deux leçons, afin que la postérité sache comment et par qui ces très saintes Reliques sont parvenues à votre église.

Enfin nous vous supplions de célébrer, par reconnaissance, un anniversaire pour le salut de notre âme.

Donné à Viterbe, l'an 1257, au mois de juillet [1] ».

LES DERNIÈRES ANNÉES.

Ce fut le dernier grand geste historique du Cardinal Eudes. Il clôt magnifiquement sa carrière de prélat français et berrichon. Dans la pénombre où il entre maintenant et où ses traits s'accuseront avec moins de précision, on voit cependant sa noble physionomie se profiler encore au cours de certains événements importants, auxquels il continue de prendre part. En 1264, il institue Gérault Lefèvre, abbé de Saint-Augustin de Limoges. La même année il prononce un discours au sacre de Charles d'Anjou, roi de Naples et de Sicile. Il assiste aux conclaves où sont élus les Papes Urbain IV, Clément IV, Grégoire X. Sous ces divers pontificats, sa signature se

---

1. Texte cité par MASSEREAU, *Eudes de Châteauroux*, et par CAILLAUD, *Notice sur Neuvy*, page 90.

retrouve au bas de 87 bulles apostoliques. Il fait en 1268 l'éloge funèbre de Clément IV. Puis sa figure est comme voilée par les ombres du crépuscule qui l'enveloppent. Après l'ardente activité du plein jour, c'est le calme du soir, préludant au repos de la nuit. Saint Louis, son grand ami, y rentre avant lui. On sait qu'à cette époque le Soudan d'Égypte avait précipité sur la Terre-Sainte le torrent de ses hordes musulmanes. Les éclairs sinistres du cimeterre étincellent de nouveau, parmi le sang et les ravages, dans ces pays qui se croyaient pour toujours délivrés de cette terreur. Les villes de Césarée, de Sidon, de Jaffa, d'Antioche, avaient été reprises, 17.000 chrétiens furent massacrés, 120.000 réduits en esclavage. L'âme généreuse du roi de France frémit d'indignation. Sans se laisser décourager par l'échec de sa première entreprise, ni émouvoir par les supplications de la reine, qui s'efforce de le retenir, ni convaincre par les conseils du Pape Clément IV et du Cardinal Eudes, qui, prévoyant un insuccès, essayent de le détourner, saint Louis organise une seconde croisade. Elle fut plus désastreuse que la précédente. Parti d'Aigues-Mortes en avril, il débarque à Tunis, où il meurt de la peste, le 25 août 1270, à l'âge de 56 ans. C'était l'une des plus hautes consciences du monde qui disparaissait, un prince si droit, si bon, si probe, dans l'exercice de son métier de monarque, qu'il forçait ses ennemis eux-mêmes à l'estimer et à l'admirer. Cette fatale nouvelle mit en deuil la chrétienté tout entière. Ce fut Thibault, roi de Navarre, qui se chargea de l'annoncer au vieux Cardinal. Nul n'en ressentit une émotion plus douloureuse. Son cœur en fut brisé. Les fibres profondes qui s'y déchirèrent durent saigner jusqu'au dernier moment, car il était à l'âge où les blessures ne se referment plus.

Quand la vie s'engage et se prolonge sous l'avenue glaciale et sombre de la vieillesse, il arrive que, ceux en compagnie desquels on avait parcouru la route étant passés à l'autre rive, on se trouve seul pour achever le voyage. La sensation de vide qui vous étreint alors est une des plus poignantes que l'on puisse éprouver. Oh ! dans ces moments-là, comme on apprécie le bienfait

de la foi, qui par delà ce ténébreux passage,
fait briller à nos yeux, déjà insensibles aux
pâles et fuyantes lueurs d'ici-bas, l'aurore de
l'éternelle et indéfectible lumière ! Mais du
reste ne faut-il pas voir des avertissements de
Dieu, et comme des marques de sa miséricorde, dans ces séparations successives, par
lesquelles il nous détache peu à peu de la
terre, et nous prépare ainsi à la séparation
complète, au brisement suprême ? Parmi les
hommes célèbres que cet étonnant XIII\ :superscript:e
siècle avait produits et qui, avec leurs œuvres
prodigieuses, avaient tissé l'étoffe de son
incomparable gloire, le Cardinal Eudes demeura le dernier.

La Fin.

A la fin, sentant lui aussi ce vent froid de
la mort, qui fait grelotter les âmes, lui
souffler en plein visage, il songe à prendre
ses dispositions. Il mourait pauvre. Dans
les situations élevées qu'il avait occupées au
cours de sa longue et brillante carrière, il
aurait pu amasser des richesses. Il pratiqua
lui-même la charité et l'abnégation qu'il
avait prêchées aux autres. Il laisse vingt

livres à l'Église de Paris pour son obit, dix livres à Saint-Victor, vingt livres et une statue d'ivoire à pied d'argent à Sainte-Geneviève pour son anniversaire.

Mais voici que la flamme de sa vie qui semblait s'éteindre se ranime et se rallume. Le Souverain Pontife venait de convoquer à Lyon un Concile œcuménique, pour examiner une question dont la solution avait été l'un des grands tourments du Cardinal, et à laquelle il avait travaillé de tout son pouvoir ; celle de la réunion des Églises d'Orient au centre de l'unité catholique, conformément au vœu du Maître : « Un seul troupeau et un seul Pasteur ! » On n'a pas oublié que cette pensée hantait la grande âme de Léon XIII. Eudes se mit en route. Mais ses forces trahissent sa volonté. Il est obligé de s'arrêter à Orvieto, où il succombe entre les bras de Grégoire X, et où il reçoit les honneurs de la sépulture, au couvent des Dominicains. Le Pape voulut qu'il fût enterré du côté des prédicateurs. C'était en février 1273. Eudes avait environ 75 ans. Le clergé de France, auquel il n'avait jamais cessé d'appartenir par le cœur, perdait en lui un de ses membres les plus illustres, et la Papauté un de ses serviteurs les plus dévoués. « Il fut pleuré, disent les vieilles chroniques, non seulement par toute l'Église, mais par tous les hommes de biens ; *Luctu Ecclesiæ, et bonorum omnium* ». Sa louange fleurit en discours et en panégyriques sur toutes les lèvres. La reconnaissance et l'admiration lui décernèrent les plus splendides éloges. L'Évêque de Paris, Étienne Tempier, prononça son oraison funèbre au milieu d'un synode. La « *Gallia purpurala* » déclare qu'il l'emportait sur tous ses contemporains par la doctrine et par l'éloquence, « *inter viros hujus ævi doctrina et eloquentia non postremus* [1] ». Mais les traits de cette belle figure à profil de médaille ont été gravés par le Pape Innocent IV dans le bronze impérissable de cette phrase célèbre : « *Virum secundam cor nostrum, morum honestate decorum, litterarum scientia præditum, et consilii maturitate præclarum*, c'était un homme selon notre cœur, remarquable par l'honnêteté de ses mœurs, par ses connaissances littéraires, et par la maturité de ses conseils ».

1. *Gall. Purp.*, p. 226.

Offert par une pieuse famille de Belgique.

LE PRÉCIEUX-SANG
DE NEUVY-SAINT-SÉPULCRE

La valeur du Sang.

Ce qui immortalisa le nom du Cardinal Eudes dans la mémoire de ses compatriotes du Berry ce fut moins l'éclat de ses mérites et de ses dignités que l'inappréciable trésor dont il enrichit sa petite patrie, en lui envoyant la Relique du Précieux-Sang.

Le Sang !... Qui dira le prix, la valeur, la signification du sang humain ?...

Ce sang est vérité. Un homme vous parle. Malgré sa sincérité évidente, vous ne le croyez pas. Il verse son sang, et vous voilà convaincu !

Ce sang est charité. Il est notre vie même, ou tout au moins la source qui l'alimente. Il exprime donc ce que nous possédons de meilleur, et ainsi il représente, suivant le mot de l'Évangile « le témoignage suprême de l'amour ». Quand il coule au profit d'une cause, elle a obtenu, de ceux qui la défendent, tout ce qu'ils peuvent lui donner, elle ne saurait rien exiger davantage. La consécration, le baptême qu'elle a reçus ainsi lui garantissent l'immortalité, car les œuvres qui s'enfantent au prix du sang sont de celles qui ne périssent pas.

Il est fécondité. Il charrie dans ses ondes généreuses toutes les gloires du passé ; toutes les espérances de l'avenir, tous les germes de vertus que la race fera éclore au cours des âges.

Le Sang divin.

Et si tel est le sang de l'homme, malgré les impuretés qui se sont mêlées à son courant, que dire du Sang de Notre-Seigneur ? Formé par l'action du Saint-Esprit, de la substance d'une Vierge immaculée, et uni au Verbe de Dieu, qui le pénètre de son souffle, il est sainteté ! Il est prière ! Dans son humanité sensible, douloureuse, mortelle comme la nôtre, le Christ, notre Médiateur, a voulu éprouver le contre-coup de toutes nos souffrances, afin d'y compatir et d'intercéder en notre faveur. Or il a ajouté à sa prière ce qu'il fallait pour qu'elle fût d'une éloquence irrésistible, il y a ajouté son Sang ! Et tandis que le sang d'Abel crie vengeance, parce qu'il a été versé malgré lui, le Sang de Jésus-Christ, qui fut versé librement, et qui même était pressé de se répandre, roule dans ses flots un murmure de prières dont l'écho se prolonge, à travers tous les temps, jusqu'au sein de l'éternité, où il implore pitié pour nous ! Et toutes nos demandes sont exprimées, tous nos désirs légitimes sont interprétés dans cette universelle et perpétuelle prière du Précieux-Sang ! Oui, pitié pour les corps défaillants qui réclament le pain de chaque jour ! Pitié pour les intelligences enténébrées qui cherchent la lumière ! Pitié pour les volontés épuisées qui appellent la force ! Pitié pour les consciences souillées qui sollicitent le pardon ! Pitié pour les cœurs troublés qui soupirent après la paix ! Pitié pour les âmes perdues qui attendent le salut !

Il est Rédemption ! Il ne cesse de ruisseler par toutes les blessures du Sauveur, qui depuis 2000 ans ne sont pas encore fermées, puisque son agonie rédemptrice durera ainsi jusqu'à la fin du monde. Et il forme comme un fleuve, coulant sur la pente des siècles, le long des routes où chemine l'humanité voyageuse à la poursuite de sa destinée. Et quelle floraison splendide il entretient sur ses bords ! C'est lui qui se fait zèle chez les Apôtres, courage chez les Martyrs, dévouement chez les Pontifes, science chez les Docteurs, pureté chez les Vierges, foi, espérance, charité chez tous les Saints ! Tous les repentirs qui régénèrent, c'est lui qui les provoque ; toutes les persévérances qui s'affirment dans les luttes quotidiennes du devoir, c'est lui qui les entretient ; toutes les résurrections, toutes les ascensions qui s'accomplissent, c'est lui qui les produit. C'est lui qui, circulant dans l'organisme de l'Église, corps mystique du Christ, lui conserve son indéfectible beauté, son impérissable jeunesse, son inépuisable vigueur.

C'est lui, qui, pénétrant en chacun de

nous par la grâce des sacrements qui nous greffent sur Jésus-Christ, opère dans les profondeurs intimes de notre être spirituel ces prodiges de reconnaissance et de renouvellement annoncés par l'Évangile. De même que, par notre première naissance selon la nature et selon la chair, nous avions reçu un sang corrompu qui contenait des germes de vices et de mort, et nous avait façonnés à l'image avilie du vieil Adam pécheur, ainsi, par notre seconde naissance selon la grâce et selon l'esprit, nous communions à un sang nouveau, qui contient des semences de vertu et d'immortalité, et nous tranfigure à la ressemblance de Jésus-Christ.

L'action du Sang rédempteur n'est du reste pas limitée à la terre. Il rejaillit en purgatoire, ainsi qu'une rosée bienfaisante, pour adoucir et abréger les souffrances des justes qui y sont enfermés. Il rebondit même, nous dit l'Église dans une des plus belles hymnes du temps de la Passion, en cascades victorieuses jusque sur les astres[1] qu'il empourpre de sa splendeur, s'il en

---

1. Hymne « *Pange lingua gloriosi lauream certaminis* », « *astra, tellus quo lavantur flumine!* »

est qui soient habités et dont les habitants, étant doués d'une âme raisonnable et élevés à l'état surnaturel, puissent bénéficier de cette universelle et surabondante Rédemption. Il monte plus haut encore, jusqu'au ciel des cieux, où il va offrir à la Majesté infinie une louange équivalente à ses droits, à la Bonté suprême une action de grâces égale à ses bienfaits, à la souveraine Miséricorde une supplication proportionnée à nos besoins, à l'éternelle Justice une réparaation supérieure à nos iniquités, et où il apporte ainsi à Dieu un supplément de gloire, et un surcroît de félicité aux anges et aux saints. Saint Augustin remarque avec un frisson de terreur qu'il n'y a que l'enfer dont il ne franchisse pas le seuil !

Tels sont les prodiges accomplis par le Sang de Notre-Seigneur. Aucune dévotion n'est donc plus légitime, plus doctrinale, plus orthodoxe. Aucune ne repose sur une base scripturaire plus solide. L'Épître aux Hébreux toute entière, qu'est-elle autre chose en effet qu'une hymne en l'honneur du Précieux-Sang ? Et à cette heure où les souffles de la victoire ont à peine desséché

les lacs de sang répandu à travers toute
l'Europe par nos soldats et nos alliés, pour
le rachat et le salut de nos patries, pour la
défense et le triomphe de la justice et du
droit, quelle opportunité et quel réconfort
dans cette dévotion, dont le symbolisme
sublime rappelle la grande loi du sacrifice,
et en proclame l'absolue beauté et l'admirable fécondité !

LES RELIQUES DU PRÉCIEUX-SANG.

Dans ces conditions, les reliques du Précieux-Sang sont les plus insignes de toutes
les reliques. Devant elles s'effacent même
les épines de la sainte couronne, même les
parcelles de la vraie croix. Or il faut distin-
guer deux sortes de reliques du Précieux-
Sang ; celles qui proviennent du Sang
miraculeux, sorti d'hosties consacrées ou de
crucifix, et celles qui proviennent du Sang
naturel qui coulait dans les veines de Notre-
Seigneur.

Que l'on possède ainsi en certains endroits
du sang sorti miraculeusement d'Hosties
ou d'images, rien n'est moins douteux.

M. l'abbé Caillaud mentionne plusieurs
églises qui ont ce privilège : Sainte-Gudule
à Bruxelles, la basilique du Saint-Sauveur,
à Bologne. Mais le trait le plus célèbre que
l'on connaisse est celui de Beyrouth. Il s'est
produit en 765. Un Juif avait gardé chez
lui un crucifix, laissé par une personne qui
avait précédemment occupé la maison. Ses
correligionnaires l'apprennent. Cette race
demeure toujours animée des mêmes fureurs
sacrilèges et déicides. Ils accourent, crachent
au visage du Christ, lui enfoncent des clous
dans les pieds et les mains, lui donnent un
coup de lance au côté. Le sang coule à flots.
Voici d'ailleurs en quels termes le Martyrologe romain relate le fait : « A Beyrouth, en
Syrie, commémoraison de l'image du Sauveur,
qui, crucifié par les Juifs, versa du Sang en
si grande abondance que de nombreuses
églises d'Orient et d'Occident en ont reçu ».
Le 1er octobre 787, à la seconde séance du
2e Concile de Nicée, tenu précisément contre
les iconoclastes, le récit de ce miracle fut lu
en présence de tous les Pères, émus jusqu'aux
larmes. Benoît XIV en parle à son tour,
sans songer à en contester l'authenticité,

il se contente de reprendre les expressions du Martyrologe. On le voit, il n'est pas de fait historique qui soit attesté par des autorités plus considérables.

Mais la tradition de Neuvy veut que ce soit du Sang naturel que l'on possède ici. Il aurait coulé de la plaie du côté et aurait été recueilli par Madeleine et saint Jean.

Problème théologique.

La Théologie cependant soulève une question préalable, dont on n'aura pas de peine à comprendre la gravité. Peut-il rester sur la terre quelques gouttes du Sang naturel du Sauveur ? Non, répond saint Thomas, parce qu'il l'a repris au jour de sa Résurrection. Le grand docteur croit donc pouvoir appliquer à ce cas l'axiome célèbre : « *Quod verbum assumpsit, nunquam amisit, le Verbe divin n'a jamais abandonné l'humanité à laquelle il s'est uni* ». D'autres, partant du même principe, vont plus loin encore, jusqu'à accuser d'hérésie ceux qui croient aux reliques du Sang naturel de Notre-Seigneur. Cette opinion extrême fut d'ailleurs condamnée par l'Église. Après avoir laissé discuter la question en sa présence, au Concile de Mantoue, en 1459, le Pape Pie II déclara « qu'il n'est pas du tout contraire à la vraie foi de soutenir que notre Rédempteur ait laissé sur la terre quelques gouttes de son Sang ». Reste maintenant l'objection de saint Thomas. On sait quelle autorité il a en théologie, surtout depuis Léon XIII, dont les directions ont été au surplus confirmées par Pie X et par Benoît XV. Dans l'enseignement thomiste, on entend l'écho le plus fidèle de la doctrine catholique, et l'on trouve clarifié, débarrassé de toute scorie étrangère, limpide en sa pureté transparente, le courant de la plus authentique tradition des Docteurs et des Pères. Saint Thomas cependant, malgré la puissance de son génie, la sûreté de sa documentation, la rigueur de son orthodoxie, ne saurait être investi du privilège de l'infaillibilité. Il est donc permis de discuter et de se demander dans quelle mesure est légitime, en la · circonstance, l'application de la fameuse maxime, dont personne du reste ne songe à contester la valeur.

« Le Verbe n'a jamais abandonné l'humanité à laquelle il s'est uni », cette proposition signifie évidemment que Notre-Seigneur, à sa résurrection a repris son corps, avec tous les membres qui le reconstituaient, et sans lesquels il eût été mutilé. Mais veut-elle dire qu'il a dû reprendre également le Sang qui était demeuré adhérent à sa robe, à sa croix, à la couronne d'épines, à la lance, aux clous, à la colonne de la flagellation, aux dalles du prétoire, et celui dont la terre s'était imbibée sur tout le parcours de la voie douloureuse, depuis Géthzémani jusqu'au Calvaire ? Qui donc oserait le soutenir ? Et qui ne voit que la logique de ce raisonnement, si on le poussait jusqu'au bout, nous amènerait aux plus absurdes conséquences, à admettre par exemple que Notre-Seigneur a dû reprendre aussi tous ses cheveux ! N'est-il pas mille fois plus vraisemblable de dire qu'il a laissé ces parcelles détachées de son corps adorable, et, qu'à partir du moment où la séparation s'est produite, elles ont cessé d'être unies à la Divinité, de même que les parcelles détachées de nos corps cessent d'être une matière vivante et humaine. Et la perfection intégrale de l'humanité ressuscitée du Sauveur n'en a pas été plus diminuée que la perfection intégrale de son humanité mortelle n'avait été diminuée par la sueur de Sang du Jardin des Oliviers. Ce miracle de la Résurrection que l'on soulève ici pose du reste un problème métaphysique à peu près insoluble, dans l'état actuel de nos connaissances. Que sont les corps entrés par la résurrection dans la gloire ? Sans doute « numériquement », comme disait l'École, ils sont les mêmes, ils sont formés de la même matière. Mais quelle transformation dans cette matière devenue toute vibrante de spiritualité, puisqu'elle est désormais impassible, incorruptible, immortelle, affranchie des lois de la pesanteur, et des conditions spatiales imposées aux corps ordinaires !

Du reste, parallèlement à l'autorité de saint Thomas, un autre courant de tradition existe, qui semble avoir son point de départ dans l'Église grecque. Saint Germain, patriarche de Constantinople au IIIe siècle, parle comme d'un fait, qui n'est contesté par personne, du sang recueilli au Calvaire et conservé dans certains sanctuaires. Zingabenus, au XIe, soutient que l'on possédait encore, de son temps, du Sang sorti de la plaie du côté.

En Occident, la même thèse a été reprise et soutenue avec éclat par toute une école de théologiens illustres, qui compte dans ses rangs les Suarez, les Vasquez, les De Lugo, et qui représente ainsi une somme d'autorités égales à la thèse opposée. Il convient d'ajouter que les Souverains Pontifes se sont plutôt prononcés en faveur de l'existence des reliques du Précieux-Sang, puisqu'ils ont comblé des indulgences les plus riches les églises qui prétendent en posséder.

QUESTION DE FAIT.

La question de possibilité est donc tranchée ; il peut y avoir sur la terre du sang naturel de Notre-Seigneur. Reste à examiner la question de fait ; l'église de Neuvy en possède-t-elle ? « Oui ! répondent toutes les voix des traditions locales, et non pas du Sang miraculeux, mais du Sang naturel qui aurait été recueilli au Calvaire par saint Jean et sainte Madeleine ! » L'aspect de ces gouttes, un peu moins grosses que des baies d'églantier, est bien en effet celui de larmes qui se seraient figées en tombant. Et leur couleur d'un brun grisâtre, est bien celle du sang qui serait coagulé depuis des siècles et que la poussière aurait recouvert. M. l'abbé Caillaud raconte avec émotion l'expérience à laquelle il se serait livré à ce sujet : « J'avais eu souvent le désir d'ouvrir ce reliquaire pour constater d'une manière positive en quoi consistait cette précieuse relique. Le 1er août 1858, passant à Neuvy, muni du sceau de l'Archevêché je réalisai mon pieux désir. Je me rendis à l'église avec M. Sauzin curé de Thevet, et M. l'abbé Mitaine, vicaire de Neuvy. Là, après avoir retiré du Tabernacle du grand autel le vase en cristal qui contient le Précieux-Sang, je brisai le sceau qui en fermait l'ouverture et je pris avec respect les globules sur un corporal. Après nous être mis à genoux quelques instants, nous examinâmes ces globules. Étaient-ils du sang coagulé ou de la terre imprégnée de sang ? Il était impossible de se prononcer. Pour éclaircir le doute, je crus pouvoir enlever respectueusement quelque peu de la poussière qui recouvrait l'un de ces globules ; je le fis et, sous cette légère couche de poussière, nous apparut, parfaitement conservée, une matière dense, compacte, noire, en un mot du sang coagulé. Nous nous prosternâmes de nouveau devant la sainte relique avec une foi plus vive, une conviction plus ferme, un respect plus profond qu'avant l'examen. Puis je replaçai les globules dans le flacon, j'y opposai le sceau de l'Archevêché, et nous nous retirâmes satisfaits, édifiés, et bien convaincus que le Précieux-Sang de Neuvy est bien du sang coagulé, du Sang pur de Notre-Seigneur Jésus-Christ ».

De l'enquête de M. l'abbé Caillaud on peut donc en effet conclure que c'est bien vraiment du sang. Que serait-ce en effet si ce n'était point cela ? Mais est-ce du sang du Christ ? Le Cardinal Eudes l'affirme sans hésiter dans la lettre qu'il adresse au Chapitre de la Collégiale Saint-Jacques, et qui accompagnait l'envoi de l'insigne relique [1].

Douterait-on de l'authenticité de cette lettre ? Il y a si peu de certitudes, historiques

[1]. Nous avons cité intégralement plus haut le texte de cette lettre, qui constitue pour Neuvy un si beau titre de gloire. Voir, p. 121.

ou autres, que l'acide de la critique moderne n'ait pas essayé d'attaquer !... Mais le manuscrit du Cardinal Eudes se trouvait aux archives du Chapitre de Neuvy, le 21 avril 1621, quand l'Archevêque de Bourges, André Frémiot, approuva la Confrérie du Précieux-Sang. Ce prélat déclare en effet « avoir vu la bulle et charte ancienne, par laquelle il appert qu'au mois de juillet 1257, Odo, Cardinal-Évêque de Tusculum, aurait envoyé en la dite église un précieux reliquaire, contenant trois gouttes du Sang de Notre-Seigneur ». L'original de cette lettre existait encore le 15 octobre 1734, lors de la visite pastorale de Mgr de La Rochefoucauld. Le procès-verbal mentionne en effet que « le Prieur présente l'authentique daté de 1257, écrit en latin sur un quart de parchemin ». Hélas, la tourmente révolutionnaire a passé là comme partout ; et, là comme partout, elle a flétri, détruit, dévasté, entassé les sacrilèges et les ruines. Heureux les peuples dont la vie n'n pas été bouleversée par de semblables convulsions.

On ne peut du reste manquer d'être frappé par le caractère de solennité de ces pages,

en même temps que par la netteté et l'assurance de l'affirmation qui s'y formule. Voilà donc la base solide sur laquelle repose la croyance à l'authenticité de la relique de Neuvy. Les autres églises qui se réclament du même privilège ont-elles les mêmes arguments à présenter ? Car la valeur de ce témoignage est proportionné à la valeur de l'homme qui nous l'apporte. Or par son intelligence, par sa conscience, par les hautes dignités où il est parvenu, le Cardinal Eudes était l'un des hommes les plus importants de son époque. Il n'a certainement pas été « trompeur » ; ce qu'il atteste aux chanoines de Neuvy, il l'a cru lui-même. Mais aurait-il été trompé ? Avant d'engager sa foi et de donner sa parole dans une affaire de cette gravité, Eudes, dont l'Histoire vante tant la prudence et la sagesse, a dû se renseigner, examiner de près, exiger des preuves, s'entourer de garanties. On n'en saurait douter sans faire injure à sa mémoire. Légat du Pape en Terre-Sainte, ami personnel du roi de France, chef spirituel de la Croisade, il était mieux placé que personne pour se procurer des reliques. De plus, il avait fait partie de nombreuses commissions romaines ; il était au courant des habitudes de la Chancellerie apostolique ; il savait que, s'il existe des reliques vraies, il en existe également de fausses ; et il n'ignorait pas de quels signes l'Église demande que les vraies soient munies pour être proposées à la vénération des fidèles.

De qui tenait-il celle qu'il nous a léguée ? Du prince d'Antioche ? Du Maître des Templiers ? Du patriarche de Jérusalem ? De l'empereur de Constantinople ? Eudes ne le dit pas. Il, dit seulement qu'elle lui fut donnée en Terre-Sainte lorsqu'il y remplissait les fonctions de Légat. On peut être assuré d'ailleurs qu'il ne l'aurait pas reçue de n'importe qui. Et cette seule réflexion encourage notre confiance, que d'autres considérations du reste viennent encore rassurer. De l'aveu de tous les historiens sérieux, il existe en effet des reliques dont on ne saurait méconnaître la valeur ; ce sont en particulier celles qui furent recueillies par une admirable femme et une grande chrétienne, l'impératrice sainte Hélène, mère de l'empereur Constantin. Elle vivait

au ve siècle. Elle était donc assez voisine des
événements pour que les souvenirs en fussent
conservés et les traces reconnaissables. La
physionomie des Lieux-Saints n'avait pas été
bouleversée par les alluvions que devaient y
déposer plus tard les Musulmans, puis les
Croisés eux-mêmes. Sainte Hélène disposait
en outre de moyens d'investigation qui lui
permettaient d'arriver à des résultats. C'est
de cette source que proviennent les reliques
apportées à Paris par saint Louis. C'est
manifestement au même groupe que se
rattache la relique envoyée par Eudes. Lors
d'une visite qu'il fit à l'église de Neuvy, en
septembre 1916, l'un de nos académiciens
les plus illustres en faisait la remarque à
celui qui écrit ces lignes. Et il ajoutait :
« Vous êtes en possession d'une tradition
qui remonte jusqu'au XIIIe siècle, c'est-à-dire
qui a presque mille ans de durée et de
continuité ! Croyez que c'est un critérium
en Histoire ! Que de points historiques ne
sont pas mieux établis ! »

« Mille ans de durée et de continuité ! »
Ce mot est juste en effet ; car si du Cardinal
Eudes à Notre-Seigneur s'étend un hiatus

de 13 siècles qu'aucun document écrit ne vient combler, du Cardinal à nos jours la chaîne de la tradition est ininterrompue. Et, en en suivant les anneaux, il est facile de se rendre compte que la Relique conservée ici est bien celle que le Cardinal Eudes y fit porter. Dans le procès-verbal de la visite pastorale de Mgr de la Rochefoucault à Neuvy, le 15 octobre 1734, dont nous avons parlé déjà, on lit cette phrase : « Nous avons fait ouvrir le coffre où est la dite relique, que nous avons adorée par une profonde inclination. Ensuite, l'ayant examinée, nous avons observé qu'elle est dans un petit cristal rond et creux en dedans, qui s'ouvre par un bout que nous avons cacheté sur le cristal, et remis dans l'enchâssure d'or, sur laquelle est écrit en lettres gothiques : *Sanguis Christi pro nobis infusus hoc cristallo est inclusus,* le Sang de Jésus-Christ versé pour nous est enfermé sous ce cristal [1] ». L'acte d'approbation de l'Archevêque André Frémiot auquel nous avons fait également allusion s'exprime ainsi : « Le Cardinal Eudes envoya en 1257, à l'église de Neuvy un précieux

---

1. Voir CAILLAUD, *Le Précieux-Sang de Neuvy,* page 4.

reliquaire dans lequel il y a trois gouttes du Sang de Notre-Seigneur, lequel reliquaire a été gardé religieusement jusqu'à ce jourd'hui, 21 avril 1621 [1] ». Enfin chaque année les pèlerinages se succèdent, ramenant périodiquement le flot des foules ; et la sainte Relique se retrouve toujours intacte sous la garde des douze chanoines de la Collégiale ou des Curés de Neuvy.

La sainte Relique échappe au danger.

Trois fois cependant, au cours des âges, le précieux dépôt fut sérieusement menacé. Ce fut d'abord au commencement du XVIe siècle. Les troupes de François Ier, n'étant pas payées, se répandirent dans tout le centre de la France, et dans le Berry en particulier. Une de ces bandes de pillards se porta sur Neuvy. L'imagination populaire a perpétué dans le nom qu'elle leur a donné le souvenir des ravages qu'ils commirent et de l'effroi qu'ils inspiraient. On les appelle les 6.000 diables. Le 22 juin 1524, ils arrivent

1. Voir CAILLAUD, *Le Précieux-Sang de Neuvy*, page 4.

aux portes de la ville. Les habitants, qui comptaient sur le secours des archers du roi, lancés à la poursuite de ces aventuriers, essayent d'organiser la résistance. Mais bientôt ils doivent céder à la violence des assauts qu'ils subissent. A 6 heures du soir, les portes sont forcées, et les 6.000 diables pénètrent dans l'enceinte de la ville. Alors commence une série d'horreurs qui donnent le frisson, quand on en lit la description dans les vieilles chroniques. Ceux qui se sont fait remarquer par leur courage à repousser l'invasion sont torturés avec d'inimaginables raffinements de cruauté. La rage des bourreaux n'est même pas assouvie par la mort de leurs victimes, ils s'acharnent à coups de poignard contre leurs cadavres. Pierre Morin, chanoine de la Collégiale, Antoine Pérard, vicaire de Saint-Étienne, Jacques Bordeau, conseiller de Fabrique, Jacquin, organiste, sont égorgés ; Bertrand, prieur du Chapitre, le chanoine Jean Pernin, le chantre Alabiesse, Jacques Tiézin, François Boirond, Simon Pinaud, Jean Nicaud, sont grièvement blessés. Les femmes sont insultées, les églises saccagées, les vases sacrés profanés et emportés, les archives qui contenaient les documents les plus précieux pour l'Histoire sont brûlées. Cependant Neuvy est délivré par les gens du roi, qui arrivent enfin et réduisent les brigands. La plupart sont faits prisonniers, plusieurs sont pendus et égorgés sur la place publique. Mais ce juste châtiment ne nous restitue point les trésors qui étaient devenus la proie des flammes. Cependant, par une protection visible de la Providence, la sainte Relique avait été préservée.

Elle échappa d'une façon non moins étonnante aux entreprises des protestants. On sait les actes de vandalisme auxquels ils se livrèrent dans le Berry, pendant les guerres de Religion. Ce sont eux qui, en 1562, brisèrent les magnifiques statues qui, recueillies dans les plis de leurs robes de pierre, veillaient aux portes de la Cathédrale de Bourges. Ce sont eux qui démolirent notre Sainte-Chapelle, joyau d'architecture et d'art aussi pur que celle de Paris.

En 1568, le duc des Deux-Ponts, luthérien forcené, accourt d'Allemagne, la poitrine toute gonflée du souffle des haines implacables qui arment ce qui est teuton contre ce qui est français. Treize mille reîtres, les lansquenets, l'accompagnent. Il vient prêter main forte à ses correligionnaires de Saintonge, et il traverse nos plaines berrichonnes. Fidèle aux habitudes d'une race d'où sortent tous les Attilas de l'Histoire, il amoncelle les ruines sur son passage. On peut le suivre à la lueur des incendies qu'il allume et à la trace des décombres qu'il entasse. Il détruit l'abbaye des Bénédictins de Puy-Ferrand, au Châtelet, il ravage l'illustre prieuré d'Orsan, il pille l'église de Préveranges, il démolit celle de Notre-Dame de Pouligny, il dévaste la pieuse Chapelle de Vaudouan. Le 10 août il est sous les murs de Neuvy-Saint-Sépulcre. Le Précieux-Sang était en grand péril, car on sait que la rage de ces énergumènes s'acharne surtout contre les reliques. Tout ce qui représente une tradition quelconque, tout ce qui se rattache au culte du passé excite leur instinct de destruction, et, pour l'assouvir, leur premier geste est de chercher immédiatement une torche, une massue, un poignard. Grâce à Dieu cette fois encore l'insigne Relique de Neuvy fut épargnée.

Puis les années passent sans secousse, avec les règnes de Henri IV, de Louis XIII, de Louis XIV, de Louis XV. Mais voici que la Révolution éclate. Un formidable cyclone de boue, de sang, de fer et de feu se déchaîne à travers la France, éclaboussant, souillant, déchirant, brûlant la face de la patrie. Il s,abat sur Neuvy, venant de La Châtre, et la vieille Basilique du XIe siècle porte encore, d'après l'opinion commune, des traces de son passage dans les mutilations infligées aux merveilleux chapiteaux de la coupole. Les clubs de la région ne pouvaient ignorer en effet que Neuvy, avec sa dévotion au Sang Rédempteur, était l'un des centres religieux les plus actifs du Bas-Berry. S'emparer de cette Relique devant laquelle s'étaient agenouillés les siècles, lui faire subir l'outrage d'une profanation publique, nul trophée, nul exploit ne pouvait tenter davantage l'âme d'un sans-culotte ! Hélas, les chanoines à qui la garde en avait été confiée avaient été dispersés par la persécution, et remplacés par un curé et un vicaire constitutionnels. Heureusement un serviteur vigilant, pieux et fidèle était resté là, le sacristain Jean

Blondeau, dont on parle encore avec vénération dans tout le pays. Au mois de mai 1794 circulent d'effrayantes rumeurs. Les délégués du district de La Châtre parcourent les villages. Partout où l'esprit jacobin pénètre, il détermine les mêmes phénomènes d'épilepsie convulsive, les mêmes fureurs de destruction et de sacrilège. Les clochers sont renversés ; les cloches, dont la voix se mêlait si délicieusement à la poésie des paysages et exprimait si bien les émotions des âmes et des choses, sont détachées, martelées et brisées ; les ornements, que le travail patient des générations croyantes avait tissés et brodés avec tant de goût, tant de soin, tant d'amour, sont ignoblement lacérés ; les statues vénérables, devant lesquelles tant de prières s'étaient épanchées dans la joie comme dans la peine, et dont la vertu bienfaisante avait purifié tant de consciences, consolé tant de cœurs, relevé tant de courages, sont traînées aux gémonies. « La Révolution n'a pas besoin de savants ! » Cette réponse fameuse du Comité de Salut public à Lavoisier, que l'on menait à la guillotine et qui demandait qu'on lui laissât le temps de terminer une expérience, définit parfaitement la mentalité révolutionnaire, laquelle s'est toujours révélée à base de stupidité. Ceux qui introduisaient le nouveau régime dans nos provinces auraient pu dire avec autant de vérité : « La Révolution n'a pas besoin d'artistes ! »

Jean Blondeau cependant n'a pas déserté le poste où la Providence l'a placé. Et il se dit que demain ce sera le tour de son église de recevoir les sinistres visiteurs. Les tourments qui l'agitent alors permettent de surprendre les délicatesses dont sont capables, et de mesurer les hauteurs morales où peuvent atteindre ces âmes populaires, façonnées par de longues hérédités de droiture, de probité, d'honnêteté et de foi. Un matin Jean Blondeau vient pour sonner l'Angelus. Il pénètre sous la vaste coupole, qui, à la faveur de l'obscurité s'agrandit mystérieusement en des proportions plus immenses encore. Autour de lui toute la population est endormie. Il descend au fond du caveau où la sainte Relique repose, à l'abri des madriers et des ferrures dont sont munies les portes. Il se prépare à l'emporter et à la mettre en lieu sûr, hors des atteintes des vandales, dont il pressent la menace prochaine. Mais soudain un scrupule l'arrête. Pour toucher au Précieux-Sang de Notre-Seigneur, il faut des mains consacrées par l'onction sacerdotale, des mains de prêtre ! Et Blondeau s'éloigne, craignant de commettre une impiété ! Cette décision néanmoins ne ramène pas la paix dans son âme. Une angoisse mortelle, qu'exaspère encore la terreur qui s'étend de toutes parts, continue de le torturer. Le cas de conscience se pose devant lui avec une netteté redoutable. Sans doute il faut des mains consacrées pour toucher au Précieux-Sang. Mais va-t-il mettre dans ces confidences les assermentés qu'un pouvoir usurpateur a installés à la place des pasteurs légitimes ? Ou bien va-t-il abandonner la divine Relique aux haines de l'enfer ? Tel est le dilemme. Blondeau réfléchit au moyen d'en sortir. S'il veut enlever le Précieux-Sang ce n'est pas par irrévérence, c'est pour le soustraire à des attentats criminels et le conserver à sa paroisse. Sa résolution est prise. L'heure de midi arrive, il retourne sonner l'Angelus. En passant par la sacristie, il cherche un corporal. Le cœur tout tremblant d'émotion, il descend les degrés du caveau, enlève le cachet de cire qui fermait le tube de cristal, et dépose respectueusement les précieuses gouttes sur le linge sacré qu'il réplie et glisse derrière une pierre. Tous les détails ont été minutieusement prévus. D'avances trois petites boules, faites de pelures de fruits cuits, et roulées ensuite dans la cendre, ont été préparées. Blondeau les place dans le tube qu'il cachète et renferme au fond du coffre-fort. Puis il se rend chez le vicaire, lui raconte les bruits alarmants qui circulent, lui parle du danger auquel la Relique est exposée, le persuade enfin de retirer le tube du coffre-fort et de le cacher chez lui. Il était temps, le lendemain les délégués arrivent sous la conduite d'un avocat fameux par son irré-ligion, maître Plassat. Ils commencent par se diriger vers l'église et par exiger, au nom de la nation dont ils ne tenaient aucun mandat, qu'on leur livre le Précieux-Sang. Le coffre-fort est ouvert. Oh stupeur, il est vide ! Furieux, le chef de la bande signifie à la population immobilisée par la peur que,

si dans vingt-quatre heures la Relique ne
lui est pas remise, le couperet de la guillotine
s'abattra sur les têtes suspectes, le feu sera
mis aux quatre coins de la ville, et les
maisons rasées. Placé devant une telle
menace, et pris dans l'alternative d'obéir ou
d'exposer ses compatriotes aux pires des
châtiments, le vicaire s'affole. Il remet le
tube au sacristain, avec ordre de le porter
au commissaire. Celui-ci veut le confier au
Maire, M. Thabaud de Claverolles, qui refuse
« sous prétexte, déclare-t-il, que si les habitants qui tiennent beaucoup à cette Relique,
s'assemblaient la nuit, pénétraient chez lui
et s'en emparaient, on ne manquerait pas de
l'accuser d'être de connivence avec eux. »
Plassat garde donc l'ampoule. Mais la
curiosité le pousse à en examiner le contenu.
Doit-il en croire ses yeux ? Ce sont tout
simplement des pelures de fruits cuits !
L'âme des révolutionnaires, comme celle de
tous les fanatiques, est en général assez
peu compliquée. Elle est faite d'une seule
pièce. Une seule idée, douée d'ailleurs d'une
puissance d'explosion énorme, suffit à occuper tout le champ de leur cerveau, et à

imprimer tout le mouvement à leur vie. La pensée ne vient même pas à Plassat de soupçonner ce qui aurait pu se passer. L'avocat avait en main les pièces du procès, et, avec l'impitoyable logique de son idée fixe, il allait pouvoir échaffauder sa plaidoierie. Voilà donc les supercheries et les mystifications indignes, auxquelles la superstition a recours ! Voilà les mensonges odieux dont sont dupes les malheureux qui se laissent prendre à cet envoûtement ! L'adepte du culte de la déesse Raison se promettait de beaux succès. Sa harangue était faite d'avance. Le jargon révolutionnaire lui en fournissait tous les termes : « exploitation de la sottise humaine, tyrannie de l'obscurantisme, oppression des consciences, droits de l'homme et du citoyen ! » C'est à la piperie de cette littérature sonore et creuse, de ce cliquetis de mots bruyants et vides, de cette musique d'orgue de barbarie, jouant partout à la fois les mêmes airs, faux mais retentissants, qu'est due en grande partie le succès de l'entreprise jacobine.

Le lendemain la population est convoquée sur la place publique pour assister à la confusion de la Religion, dont elle avait subi l'empire. Les prétendues Reliques, devant lesquelles une odieuse domination d'ignorance ou de mauvaise foi avait courbé tant de fronts, sont étalées au grand jour, et chacun, se redressant dans l'orgueil de la liberté, peut s'assurer qu'elles se réduisent à n'être que des pelures de poire cuite ! Quelqu'un qui devait sourire en dedans c'était Jean Blondeau, et les rares amis très sûrs qu'il avait initiés à la confidence de son secret, pour le cas où la mort l'aurait surpris. Quelle réalisation de la promesse de l'Évangile : « Je vous donnerai une sagesse à laquelle vos adversaires ne résisteront pas ! » Depuis la Résurrection du Christ, qui se produisait trois jours après que ses ennemis crurent l'avoir à jamais supprimé, tous les triomphes de l'impiété ont le même caractère, ils sont aussi éphémères qu'insolents. Bientôt en effet la tourmente se calmait, et, avec la signature du Concordat par le Pape et le Premier Consul, l'arc-en-ciel de la paix resplendissait au firmament de la patrie. Les curés légitimes revenaient dans leurs paroisses. Jean Blondeau estima que le moment était arrivé de divulguer l^a vérité. Il indiqua la cachette où il avai^t déposé le Précieux-Sang pour le soustraire aux profanations. La foule accourut, le retrouva, et l'on devine avec quels trans ports de joie elle le reconnut. Les carillons des cloches annoncèrent la bonne nouvelle aux environs. L'avocat de La Châtre qui, lui aussi, s'était cru un instant la gloire d'avoir· « éteint une étoile » et dispersé au vent de l'oubli la poussière d'une croyance morte, vécut-il assez longtemps pour assister à cet étrange retour des choses et être le témoin de cette apothéose imprévue, dont le triomphe l'enfouissait ? Je l'ignore, mais il l'aurait mérité.

L'Archevêché cependant, tout en ayant confiance dans le témoignage de Jean Blondeau, jugea la chose si importante qu'une enquête canonique fut ordonnée. Ce fut M. Joly, curé d'Orsennes, prêtre pieux et instruit, confesseur de la foi en 1793, qui reçut de M. Gassot, vicaire général de l'Archevêque de Bourges, Mgr de Mercy, commission d'y procéder. On lira avec intérêt le Procès-verbal qu'il rédigea :

« Aujourd'hui mercredi, 24 avril 1805 (4 floréal, an XIII) nous, Louis Joly, prêtre desservant la succursale d'Orsennes, canton d'Aigurandes, troisième arrondissement communal du département de l'Indre, commissaire nommé par Mgr Marie-Charles-Isidore de Mercy, archevêque de Bourges, suivant qu'il résulte de la lettre à nous adressée le 6 du dit présent mois d'avril, par M. Gassot, Vicaire général, à l'effet de constater l'identité des reliques actuellement existantes dans l'église ci-devant collégiale et aujourd'hui paroissiale de la ville de Neuvy-Saint-Sépulcre, chef-lieu de canton, avec celles du Précieux-Sang de Notre-Seigneur Jésus-Christ, qui existaient avant la Révolution en la dite église collégiale et étaient en grande vénération, nous sommes venu du dit Orsennes, notre demeure en la dite ville de Neuvy-Saint-Sépulcre, où étant les dix heures du matin, en la maison et demeure de M. Thabaud-Claverolles, Curé du dit lieu, lequel, instruit du sujet de notre transport, nous a dit qu'à l'expulsion des Chanoines qui composaient le Chapitre du dit Neuvy, de leur église collégiale, elle devínt l'église paroissiale, et toutes les clefs lui furent remises ; que les reliques du Précieux-Sang étaient alors, comme elles le furent toujours, renfermées dans un vase de cristal enrichi d'or et d'argent et déposé dans une espèce de caveau pratiqué dans la dite église, entre des colonnes sur lesquelles s'élève une tour ; que ce caveau s'appelait le Saint-Sépulcre ; que, depuis son entrée dans la dite église et jusqu'au moment de la Terreur, les reliques du Précieux-Sang, continuèrent d'être, aux époques d'usage, exposées à la vénération des fidèles ; que des commissaires, du district de La Châtre, ou plutôt de la société populaire, s'étant rendus en la dite église de Neuvy et ayant dépouillé l'église de tous ses vases et ornements, et s'étant fait livrer le vase dans lequel reposaient les saintes reliques du Précieux-Sang, il fut dans la croyance que les Reliques n'avaient pas échappé à leurs mains sacrilèges ; et le sieur Jacques Rochoux, vicaire de la dite paroisse de Neuvy, nous a dit que, lorsque la nouvelle de l'arrivée des commissaires se répandit, un des sacristains de la dite église serait venu le trouver, lui aurait fait part

de ses craintes touchant les reliques du
Précieux-Sang, qui ne manqueraient pas
d'être enlevées et profanées par les commissaires ; que, de concert, ils s'introduisirent
dans la dite église et dans le Sépulcre ;
qu'en présence de ce sacristain, il tira du
vase de cristal trois morceaux d'une matière
de couleur brune et solide qu'il croyait être
les gouttes du Précieux-Sang, les emporta et
les cacha ; que les commissaires, s'étant
rendus le lendemain, ne manquèrent pas de
porter leurs mains sacrilèges sur le vase où
avaient été déposées les reliques, et, ne les
trouvant pas, devinrent furieux, se répandirent en imprécations et murmures, jurant
qu'ils ne partiraient pas sans avoir détruit
les Reliques, ou que les habitants de Neuvy
s'en repentiraient ; qu'alors ce même sacristain, qui s'était montré naguère si zélé pour
la conservation des reliques, effrayé, se
rendit auprès de lui, vicaire, et lui dit :
« Nous sommes perdus, Monsieur l'abbé, et
« tous les habitants ! Les commissaires sont
« furieux de ce que les reliques du Précieux-
« Sang ne se trouvent pas dans le vase. Ils
« menacent tous les citoyens de la guillotine,

« si on ne leur livre pas les reliques » ; que lui-même, effrayé, remit à ce sacristain les trois morceaux de matière qu'il avait tirés du vase ; que le sacristain en fit la tradition aux commissaires qui, croyant avoir leur proie, se calmèrent.

« Les dits sieurs Curé et Vicaire ont unanimement ajouté qu'au retour du calme et sitôt que la liberté du culte a été rétablie, Jean Blondeau, sacristain, vieillard respectable, dont les principes religieux, comme la moralité, furent toujours purs, invariables et irréprochables, leur découvrit qu'il avait soustrait les reliques du Précieux-Sang à la fureur sacrilège des commissaires ; et le dit Jean Blondeau, mandé étant comparu devant nous, commissaire susdit, après serment, par lui fait et prêté en nos mains, de dire vérité, nous a dit être âgé de soixante-dix ans, et nous a déclaré que, vers le mois de février 1794, le bruit s'étant répandu que des commissaires du district, ou de la Société dite populaire, ou, si l'on veut, des Jacobins de la ville de La Châtre, devaient se rendre en celle de Neuvy pour dépouiller l'église de ses reliques, images et ornements, il forma le projet de soustraire et de conserver les Reliques du Précieux-Sang ; qu'après y avoir réfléchi une nuit entière et s'être bien convaincu qu'il pouvait exécuter sans danger son dessein, puisque, sachant où se déposait la clef du Sépulcre, il n'avait à communiquer son dessein à personne et devenait seul dépositaire du secret, il s'introduisit le matin dans l'église ; que, prêt à en venir à l'exécution, la frayeur s'empara de lui, il n'en eut pas la force et se retira comme il était entré ; qu'à l'heure de midi il revint à l'église pour monter l'horloge, comme il en avait l'usage ; qu'après s'être assuré qu'il était seul, il s'arma de courage, alla dans la sacristie, prit la clef du Sépulcre, l'ouvrit et s'y introduisit, ouvrant en tremblant le coffre où reposaient les reliques du Précieux-Sang, en tira un fort beau vase en cristal garni en or et en argent, dans lequel étaient renfermées les Reliques ; ouvrit ce vase, le renversa sur un corporal dont il s'était muni dans la dite sacristie ; y fit tomber les Reliques, les plia dans le dit corporal qu'il déposa de suite dans un petit recoin, entre le sépulcre et un bois madrier sur

lequel est élevé le coffre ; que, cela fait,
il introduisit dans le vase, à la place des
premières Reliques, trois morceaux de poire
cuite et sèche, qu'il avait préparés pour
figurer les vraies Reliques ; que ce sont ces
simulacres de reliques qui d'abord ont été
soustraits du vase par M. Rochoux, vicaire,
et ensuite livrés aux commissaires, pour
calmer leur fureur ; que les vraies Reliques
sont restées cachées où il les avait déposées,
tant qu'a duré le temps de la Terreur, et
qu'il n'a dévoilé son secret que lorsqu'il
il a vu le peuple détrompé et revenu à
l'esprit de religion ; que tout ce qu'il nous
a dit est sincère et conforme à l'esprit de
vérité. Après quoi, mon dit sieur Curé nous
a dit que, plein de confiance dans ce que
vient de nous déclarer le dit Blondeau,
et aussitôt qu'il lui en eut fait l'aveu, il
se transporta avec lui à l'église ; que s'étant
introduit dans le sépulcre, il y trouva, à
l'endroit indiqué, le corporal ; que, l'ayant
relevé et déplié, il y trouva les Reliques qu'il
reconnut parfaitement et sans peine pour
être les mêmes qu'il avait vues exposées
pendant l'existence du chapitre, et que lui-

même avait exposées depuis que leur église était devenue paroissiale. Et, de même, le dit sieur Rochoux, vicaire, nous a dit et attesté qu'il reconnaissait les dites Reliques pour être les mêmes qui furent en la possession du chapitre.

« L'un et l'autre ont ajouté que lorsque le dit Jean Blondeau a eu dévoilé son secret, pour d'autant s'assurer de l'identité des dites Reliques, elles furent annoncées au son des cloches, et les dites Reliques exposées sur l'autel et soumises à l'examen public ; et qu'elles furent reconnues par toutes les personnes qui avaient vu les vraies.

« Que, depuis ces mêmes Reliques ont continué d'être exposées à la vénération des fidèles, aux époques d'usage, sans que nul ait paru douter de leur authenticité. Ce fait et les renseignements ci-dessus rapportés étant pris, nous commissaire susdit, nous sommes transporté, accompagnés des dits sieurs Thabaud et Rochoux, curé et vicaire du dit Neuvy, et du dit Jean Blondeau, sacristain, en la dite église paroissiale, et, après avoir fait nos prières, M. le Curé étant entré dans le sépulcre dont est parlé, en a sorti une boîte qu'il a portée et déposée sur le maître et principal autel, et, ouverture faite de cette boîte en notre présence, y avons vu un vase en cristal dans lequel sont conservés trois petits globules en forme de larmes et solides, de couleur gris brun, lesquels ont été extraits du dit vase en le renversant sur un corporal, et qui nous ont été attestés, par M. le Curé et M. son Vicaire, être conservés par le sieur Blondeau, et les mêmes qu'ils ont toujours vus et reconnus, pendant l'existence du chapitre et depuis son extinction, pour les Reliques du Précieux-Sang, et par le dit Jean Blondeau être celles qu'il a également toujours vues dans le vase dont il les a extraites au mois de février 1794, et qui sont restées pliées dans un corporal tant qu'a duré la Terreur et à la place desquelles il, avait substitué des morceaux de poire par lui préparés et figurés, qui ont servi à tromper l'impiété des commissaires spoliateurs des saints lieux.

« Dont et de tout quoi, nous, commissaire susdit, avons fait et rédigé le présent procès-verbal que nous avons signé avec les dits sieurs Thabaud et Rochoux, Curé et Vicaire, et le sieur Blondeau, sacristain ».

Depuis la Révolution jusqu'à nos jours l'existence de la Relique n'a pas été troublée. Un fait cependant s'est produit dont on voudrait pouvoir éclaircir le mystère. Quand M. Joly fit son enquête en 1805, et plus tard, en 1822, quand M. l'abbé Caillaud présida la procession solennelle du dimanche d'avant la Saint-Denys, il y avait dans le reliquaire trois gouttes de Sang. Une a disparu. Qu'est-elle devenue ? Malgré toutes les recherches, il a été impossible de le savoir. En tout cas les deux qui restent sont bien celles qui ont été rapportées par Eudes. On peut dire qu'aucune conclusion n'est mieux établie. Et il est facile d'en mesurer la portée, maintenant que nous sommes arrivés au terme de cette argumentation. La Relique de Neuvy se présente donc avec le bénéfice de l'autorité qui s'attache à la grande parole du Cardinal : « Voulant honorer autant qu'il est en nous notre sol natal, nous vous envoyons des gouttes du Sang par lequel nous avons été rachetés ! »

Cette croyance du reste, l'Église, sans

engager ici son magistère infaillible, l'a admise et encouragée.

Tous les Archevêques de Bourges entourent l'église de Neuvy d'une dévotion particulière et la comblent de faveurs.

Le 6 mars 1296, Gilles écrit aux chanoines de la collégiale : « Étant bien informé que l'église de Neuvy-Saint-Sépulcre, de notre diocèse de Bourges d'une structure inestimable s'étant rendue recommandable par le nom qu'elle porte du saint sépulcre du Seigneur avec lequel elle a une parfaite ressemblance, et par le propre sang de Jésus-Christ dont elle est illustrée, nous avons cru devoir exhorter les fidèles à donner des marques d'une singulière vénération pour le lieu sacré qui renferme cet incomparable trésor, qui n'est pas assez connu ni assez révélé en les attirant à un devoir si juste et si raisonnable par des promesses qui sont toujours agréables à Dieu, en leur accordant trois bénédictions solennelles, vous mandant et vous enjoignant d'avertir soigneusement les peuples qui sont sous votre conduite d'assister aux processions et bénédictions ci-devant dites, et qui se feront dans la dite église ès-dits jours auxquels on a coutume de montrer le Précieux-Sang adorable. A l'effet de quoi, nous, appuyé sur la miséricorde de Dieu tout-puissant, sur l'autorité de la Bienheureuse Vierge Marie et de saint Étienne premier martyr, et des Apôtres, saint Pierre et saint Paul, et de tous les autres Saints, nous leur remettons trente jours de la pénitence qu'ils auraient dû faire et qui leur aurait été enjointe ».

Donné l'an de Notre-Seigneur 1296, le mardi avant la fête de saint Georges (6 mars) et scellé du cachet de nos armes. Gilles, P. P. Arch. de Bourges [1] !

Le 21 avril 1621, André Frémiot, répondant à une supplique des notables de la paroisse, institue la confrérie : « Sur la requête qui nous a été présentée de la part de MM. les vénérables Prieur et Chanoines du Chapitre et principaux habitants de Neuvy-Saint-Sépulcre, aux fins d'ériger et instituer en

---

1. Voir CAILLAUD, pages 243 et suivantes.

l'église collégiale du dit lieu une confrérie en l'honneur de la sainte Passion et du Sang Précieux répandu par le Sauveur du monde, Nous, ayant vu la bulle et la charte ancienne par laquelle il appert que, dès le mois de juillet 1257, Odo, Cardinal-Évêque de Tusculum, Légat du Saint-Siège avait envoyé en la dite église un précieux reliquaire dans lequel il y a trois gouttes du Sang de Notre-Seigneur, lequel reliquaire a été gardé religieusement jusqu'à ce jour d'hui, désirant accroître et augmenter la piété et dévotion des fidèles envers un Sang si saint et si précieux, nous avons permis et permettons d'ériger et instituer, en la dite église, une confrérie, en laquelle tous fidèles de l'un et l'autre sexe pourront être admis et reçus, en l'honneur et mémoire de la sainte Passion du Fils de Dieu et du Sang précieux qu'il a répandu pour nous ».

Fait à Bourges, le 21 avril 1691.

ANDRÉ, Arch. de Bourges.

Le 4 janvier 1865, cette érection et institution est renouvelée par une ordonnance de Mgr de La Tour d'Auvergne, qui affilie la confrérie de Neuvy à celle dont le siège est à Rome à Saint-Nicolas-in-Carcere.

« Charles-Amable de La Tour d'Auvergne-Lauraguais, par la miséricorde divine et la grâce du Saint-Siège apostolique, Patriarche, Archevêque de Bourges, Primat des Aquitaines,

« Vu la demande qui nous a été adressée par M. Dubois, curé-doyen de la paroisse de Neuvy-Saint-Sépulcre, à l'effet d'ériger dans son église une confrérie du Précieux-Sang ;

« Vu le diplôme d'affiliation de la confrérie érigée ou à ériger dans l'église de Neuvy-Saint-Sépulcre, à la confrérie du Précieux-Sang établie à Rome, en 1808, dans l'église de Saint-Nicolas-in-Carcere ;

« Considérant que la confrérie, érigée en 1621 dans l'église de Neuvy-Saint-Sépulcre par Mgr André Frémiot, un de nos illustres prédécesseurs, et enrichie par le Souverain-Pontife Grégoire XV, de nombreuses indulgences, est pour ainsi dire complètement éteinte, au point qu'il y a lieu de douter de son existence canonique ;

« Considérant qu'il importe néanmoins de

la faire revivre autant qu'il dépend de nous, non seulement pour conserver le souvenir de cette pieuse et antique dévotion, mais encore pour ne pas priver les fidèles de notre diocèse des faveurs insignes attachées à l'affiliation susmentionnée, et que, par suite, il convient de procéder à une nouvelle érection canonique.

« Le saint Nom de Dieu invoqué,

« Nous avons ordonné et ordonnons ce qui suit :

« ARTICLE PREMIER. — Nous érigeons à nouveau, autant qu'il en est besoin, dans l'église Saint-Jacques de Neuvy-Saint-Sépulcre, la confrérie du Précieux-Sang et nous la déclarons affiliée à celle établie sous le même nom, dans l'église Saint-Nicolas-in-Carcere, à Rome, en vertu du diplôme délivré le 26 octobre 1861 et qui a reçu notre visa.

ART. 2. — Nous approuvons les règlements qui nous ont été soumis par M. le Curé et dont copie demeurera annexée à la présente ordonnance.

ART. 3. — Nous fixons la fête de la susdite confrérie au dimanche qui précède la fête de Saint-Denis.

« ART. 4. — Enfin à l'exemple d'un de nos

vénérables prédécesseurs, nous accordons une indulgence de quarante jours à tous ceux qui contribueront d'une manière quelconque à l'ornementation de l'église ou à la décoration de l'autel du Précieux-Sang.

« Donné à Bourges en notre palais archiépiscopal, sous notre seing, le sceau de nos armes et le contre-seing du Secrétaire de notre Archevêché, le 4 janvier 1865 [1]. »

1. De nombreuses indulgences plénières et partielles résultent de cette affiliation de la confrérie de Neuvy, à l'Archiconfrérie de Saint-Nicolas *in carcere*, à Rome :

I. — Indulgences plénières, aux conditions ordinaires prescrites par l'Eglise, les jours suivants :

1° Le jour où l'on se fait inscrire ;

2° Une fois par mois quand on visite l'Eglise ;

3° Tous les jours si l'on fait une heure de méditation ;

4° Aux fêtes suivantes :

Circoncision, le 28 mars, le Jeudi-Saint, l'Invention de la Sainte-Croix, l'Ascension, la Pentecôte, le jeudi de la Fête-Dieu, l'Exaltation de la Sainte-Croix, la fête du Saint-Rédempteur (23 octobre), l'Annonciation, le vendredi d'après le dimanche de la Passion, fête de la Compassion de la Très Sainte Vierge, N.-D. du Mont-Carmel (16 juillet), N.-D. des Sept-Douleurs, troisième dimanche de septembre, la Toussaint, la Présentation de la Très Sainte Vierge, la fête de saint Joseph (19 mars), la fête de saint Jean-Baptiste (24 juin), la fête de saint François-Xavier, la fête de saint Nicolas.

II. — Indulgences partielles :

1° Dix ans et dix quarantaines à toutes les fêtes de Notre-Seigneur et de la Très Sainte Vierge non mentionnées plus haut, et à toutes les fêtes des Apôtres et des Evangélistes, des Anges et Archanges, aux fêtes de saint Joachim, de sainte Anne, de saint Laurent, de saint Etienne, de saint Philippe de Néri, de saint François d'Assise, de sainte Cécile, de sainte Agnès, de sainte Lucie, de sainte Catherine, si l'on visite une Eglise et si l'on y prie aux intentions du Souverain Pontife.

Cette concordance de témoignages, cette série d'actes de foi impressionnent autant par la continuité avec laquelle ils se produisent que par l'autorité d'où ils émanent.

Cependant une autorité plus haute encore, celles des Souverains Pontifes eux-mêmes, vient déposer ici. Le 6 juin 1257, répondant par une bulle datée de Viterbe, à une démarche du Cardinal Eudes, le Pape Alexandre IV écrivait : « Désirant que l'église de Neuvy-Saint-Sépulcre soit fréquentée et convenablement honorée, nous accordons à ceux qui, pénitents et confessés, auront visité

2° Sept ans et sept quarantaines en priant soit devant le Saint-Sacrement, soit devant une image de Notre-Seigneur en croix, soit devant une image de la Très Sainte Vierge, aux intentions du Souverain Pontife, ou en assistant aux offices dans une Église où la confrérie du Précieux Sang est érigée ;

3° Un an en propageant la dévotion au Précieux Sang.

III. — Cent jours :

1° Quand on apprend le catéchisme à un ignorant ;

2° Quand on accompagne le Saint-Sacrement. soit en procession, soit chez les malades, ou, quand ne le pouvant pas, on récite un *Pater* et un *Ave* au son de la cloche ;

3° Quand on récite cinq *Pater* et cinq *Ave* pour les confrères défunts ;

4° Quand on concourt à la conversion d'un pécheur ;

5° Quand on dit sept fois *Gloria Patri* en l'honneur du Précieux Sang.

Toutes ces indulgences sont mentionnées sur le livret joint au diplôme d'affiliation.

Elles peuvent être gagnées par tous les membres de la Confrérie du Précieux Sang de Neuvy-Saint-Sépulcre.

avec respect cette église le dimanche d'avant la Saint-Denys, par la miséricorde du Dieu tout-puissant, remise d'un an et quarante jours des pénitences qui leur auront été imposées ».

Une autre bulle du même Pape datée d'Anagni, mars 1259, accorde une indulgence de quarante jours à ceux qui visiteront l'église de Neuvy-Saint-Sépulcre le Vendredi-Saint et les trois jours suivants.

En 1296, Nicolas IV concède une indulgence d'un an et de quarante jours à ceux qui visiteront l'église de Neuvy le 15 juillet, fête du Saint-Sépulcre, le jour de la Nativité, de la Purification, de l'Annonciation et de l'Assomption de la Très Sainte Vierge, ou les huit jours suivants. Cette bulle porte le visa de l'Official de Bourges [1] : « A tous ceux qui les présentes lettres verront, l'Official de la cour de Bourges, salut en Notre-Seigneur. Sachez que nous avons vu, lu, examiné mot par mot les lettres de N. S. P. Nicolas, Pape de l'Église romaine, lettres qui n'étaient ni oblitérées, ni détériorées, ni altérées en aucune de leurs parties et dont la teneur suit en ces termes : Nicolas, évêque, serviteur des

1. Voir CAILLAUD, p. 243.

serviteurs de Dieu, à tous ceux qui les présentes lettres verront, salut et bénédiction apostoliques. La gloire de la vie éternelle, dont l'admirable bonté du Créateur de toutes choses couronne la bienheureuse milice des citoyens du ciel, doit être acquise par ceux qui ont été rachetés au prix du Sang qui a coulé du Corps précieux de notre Rédempteur, par la vertu intérieure des mérites de Notre-Seigneur Jésus-Christ. Désirant donc que l'église de Neuvy-Saint-Sépulcre, diocèse de Bourges, soit fréquentée et honorée convenablement, nous confiant en la miséricorde de Dieu tout-puissant et en l'autorité des bienheureux Pierre et Paul, ses Apôtres, nous accordons à tous ceux qui, vraiment pénitents et confessés, auront visité chaque année cette église, le dix-septième jour avant les calendes de juillet, jour auquel on célèbre solennellement la fête du Saint-Sépulcre, aussi les jours des fêtes de la Nativité, de la Purification, de l'Annonciation et de l'Assomption de la bienheureuse Vierge Marie, et pendant les huit jours qui suivent immédiatement ces fêtes, remise d'un an et quarante jours des pénitences qui leur ont été imposées. Donné à Orvieto, le cinquième jour avant les ides de février (9 février 1296), la troisième année de notre Pontificat ».

« En foi de quoi, ajoute l'Official de Bourges, nous avons cru devoir apposer aux présentes le sceau de notre cour. Donné l'an 1296, le mercredi après la fête des Apôtres, saint Pierre et saint Paul ».

Une bulle d'Innocent X, datée du 10 juin 1651, déclare privilégié l'autel du Précieux-Sang de Neuvy pour les messes de *Requiem*, célébrées le jour de la commémoraison des fidèles trépassés, tous les jours de l'octave de cette fête et tous les lundis de chaque semaine. Sur l'autel du Précieux-Sang était gravée l'inscription suivante :

« Autel du Précieux-Sang, privilégié par le Pape Innocent X, afin qu'on en conserve la mémoire dans les siècles futurs, qui accorde à chaque prêtre séculier ou régulier qui y célébrera la messe le jour de la commémoraison des fidèles trépassés, tous les jours de l'octave et le lundi de chaque semaine, pour le repos de l'âme de quelque confrère de la dite confrérie de l'un ou l'autre sexe, décédé, une indulgence plénière qui délivrera les âmes du Purgatoire. Donné à Rome, à Sainte-Marie-Majeure, sous l'anneau du Pêcheur, le 10 juin 1651 ».

Le visa avait été donné à cette bulle le 21 octobre suivant, par M. Demeure, vicaire général.

Dix ans après en 1661, le même privilège fut confirmé et renouvelé par Alexandre VII, en une bulle qui porte le visa du vicaire général, M. Rouffeau. L'autel a disparu aujourd'hui. Mais il est remplacé par un autre qui est enrichi de faveurs plus grandes encore. En vertu d'un bref de Pie IX du 19 juin 1852, tous les autels appartenant à une confrérie affiliée à Saint-Nicolas-in-Carcere ont le privilège de l'indulgence plénière pour l'âme du défunt aux intentions de qui la messe de *Requiem* y est célébrée.

En 1613, dans une bulle tout imprégnée de la plus suave onction et de la plus touchante piété, le Pape Grégoire XV approuve et encourage la confrérie établie à Neuvy par l'Archevêque de Bourges, André Frémiot :

« Grégoire, Évêque, serviteur des serviteurs de Dieu à tous les fidèles chrétiens qui

les présentes lettres verront, salut et bénédiction apostoliques.

« Étant continuellement occupé du salut
du troupeau du Seigneur, qui a été commis
à nos soins par la permission divine, quoique
nous ne l'ayons pas mérité, nous invitons
volontiers tous les fidèles dont les mérites
sont beaucoup au-dessous de leurs péchés,
à faire des œuvres pieuses et méritoires
afin que, par la pratique de ces sortes de
bonnes œuvres, leurs crimes leur étant
pardonnés, ils puissent parvenir plus facilement à la possession des joies éternelles.

« Ayant donc été informé que, dans l'église
séculière et collégiale de Saint-Jacques de
Neuvy-Saint-Sépulcre, du diocèse de Bourges,
il s'était établi canoniquement et suivant les
règles, une confrérie pieuse et dévote des
fidèles chrétiens de l'un et l'autre sexe,
sous l'invocation du Précieux-Sang de Notre-
Seigneur Jésus-Christ, pour la plus grande
gloire de Dieu tout-puissant, pour le salut
des âmes et le soulagement du prochain, dans
laquelle nos chers enfants, les confrères, ont
coutume de faire quantité d'œuvres de piété,
de charité et miséricorde, ou toutes personnes,

de quelque qualité qu'elles soient, peuvent
être reçues, et désirant que les dits confrères
et ceux qui leur succèderont dans la dite
confrérie, chacun en son temps, soient de
plus en plus animés à s'en bien acquitter, et
que les autres fidèles se mettent dans la
suite de la dite confrérie, et qu'on ait pour la
dite église le respect et la vénération qui
lui sont dus, Nous, usant de la miséricorde
du même Dieu tout-puissant et de l'autorité
de ses bienheureux apôtres saint Pierre et
saint Paul, en qui nous mettons notre
confiance, accordons libéralement et de notre
propre autorité apostolique une indulgence
plénière et la rémission de tous leurs péchés
à tous et chacun des fidèles chrétiens de
l'un et l'autre sexe qui, étant vraiment
pénitents, confessés et communiés, entreront
à l'avenir dans la dite confrérie, pour le
premier jour de leur entrée en icelle, et ce
pour les temps présents et futurs et à
perpétuité.

« De plus, nous accordons aux dits confrères et à tous ceux qui seront de la dite
confrérie, à chacun en son temps, qui, à la
veille de leur mort, étant vraiment pénitents,

confessés et munis, s'il est possible de le faire, du sacrement de l'Eucharistie, et qui à cette dernière heure auront invoqué le Nom de Jésus de cœur, s'ils ne peuvent le faire de bouche, la même indulgence et rémission de tous leurs péchés.

« Comme aussi à tous ceux des dits confrères qui, repentants, confessés et communiés, visiteront dévotement la dite église tous les ans le dimanche qui précédera la fête de Saint-Denis, depuis les premières vêpres jusqu'au coucher du soleil du même dimanche, et qui feront de pieuses prières à Dieu pour l'exaltation de notre mère la Sainte Église, pour l'extirpation des hérésies, la réduction des hérétiques et l'unité de l'Église, pour la concorde et la paix entre les princes chrétiens et pour le salut du Pontife romain.

« Nous accordons sept ans d'indulgence et autant de quarante jours aux dits confrères qui, vraiment pénitents, confessés et communiés comme dessus, visiteront la dite église le dimanche de Quasimodo, les jours de Pentecôte, de la Nativité et Circoncision de Notre-Seigneur, et qui feront dans chacun

de ces jours de dimanche et solennités
susdites, les mêmes prières dans la dite
église.

« Enfin nous accordons aux dits confrères
et à leurs successeurs dans la dite confrérie,
soixante jours d'indulgence, et leur remettons
par l'autorité et la teneur de ces présentes,
toutes les pénitences et peines dues à leurs
péchés, de quelque nature qu'elles soient et
qu'ils auraient dû accomplir pendant le dit
temps de soixante jours, toutes les fois qu'ils
assisteront aux offices divins qui se feront
dans la même église de la dite confrérie,
et qui se célébreront à la manière et selon
la coutume des dits confrères, ou qui se
trouveront aux assemblées publiques ou
particulières qui se tiendront pour quelque
œuvre de piété que ce soit, ou qui accompagne-
ront le Saint-Sacrement lorsqu'on le portera
à un malade, ou qui ne pouvant le faire, se
mettront à genoux au son de la cloche et
réciteront une fois l'Oraison Dominicale et la
Salutation Angélique pour le malade, ou
qui assisteront aux processions tant ordinaires et extraordinaires de la dite confrérie
qu'à celles qui se feront du consentement du

supérieur ecclésiastique, ou qui aideront
à ensevelir les morts, ou qui consoleront les
malades dans leurs infirmités, ou qui donne-
ront retraite aux pauvres étrangers et les
assisteront d'aumônes, ou de quelques autres
bons offices, ou qui auront réconcilié des
ennemis ensemble, et accordé leurs différends,
ou qui réciteront cinq fois la Salutation
Angélique pour le repos des âmes des
confrères morts dans l'amour du Seigneur,
ou qui auront amené quelque dévoyé dans
la voie du salut, ou qui auront appris les
commandements de Dieu et les autres choses
nécessaires au salut de ceux qui les ignorent,
toutes lesquelles indulgences nous leur accordons pour chacune de ces bonnes œuvres
ci-devant dites, pour les temps présents, à
venir et à perpétuité.

Nous voulons aussi que, si la dite confrérie
est associée à quelques autres confréries,
ou si elle s'y associait dans la suite, pour
gagner toutes les indulgences qui y seraient
attachées, que toutes les autres lettres
apostoliques qui lui auraient été accordées ne
lui soient d'aucune utilité, excepté ces
présentes, et que dès à présent elles soient

nulles et sans effet, et que ces mêmes présentes n'aient aucune force et ne soient d'aucune considération, s'il se trouvait que nous eussions accordé à la dite confrérie quelque autre indulgence à perpétuité ou pour un temps qui ne serait pas encore écoulé.

« Donné à Rome à Sainte-Marie-Majeure, l'an de l'Incarnation de Notre-Seigneur 1623, le 3 juillet et de notre pontificat, l'an troisième ». :

Enfin, le Pape Pie IX achève l'œuvre commencée par ses prédécesseurs pour la glorification de notre vieille église, en l'élevant à la dignité de Basilique mineure.

On trouverait difficilement dans le diocèse un autre sanctuaire dont les Papes se sont autant occupés. Mais toutes ces distinctions, d'un prix inestimable, toutes ces faveurs, toutes indulgences attachées ainsi qu'une grappe d'or à l'église de Neuvy, se justifient-elles seulement par sa forme byzantine qui la fait ressembler au Saint-Sépulcre de Jérusalem ? Manifestement non ! Elles signifient que ceux qui les accordent admettent l'authenticité de la Relique, revendiquée par

la paroisse de Neuvy comme son seul titre
à les obtenir. La plupart du reste de ces
documents manifestent chez leurs auteurs
l'intention d'honorer le Précieux-Sang.

Cependant, quelle que soit la valeur de
cette démonstration, il existe un autre
argument plus décisif encore peut-être. Il
résulte de la sixième leçon insérée à l'office des
matines de la fête du Précieux-Sang, dans
le bréviaire berrichon, par ordre de l'autorité
diocésaine, avec l'approbation de Rome. On
y lit ces lignes : « Ces richesses, nous nous
réjouissons à juste titre de les posséder dans
les deux gouttes du Sang précieux qui
demeurent coagulées, sans être, depuis tant
de siècles écoulés, réduites en poussière et
qui sont religieusement conservées dans
l'église du Saint-Sépulcre de ce diocèse de
Bourges. En effet, l'an 1257, le Cardinal
Eudes, Évêque de Tusculum et Légat de
Terre-Sainte, ayant reçu des reliques insignes
de la pierre du Sépulcre du Seigneur et du
Sang Précieux par lequel nous avons été
rachetés et lavés de nos péchés, envoya ces
reliques au Chapitre de l'église de Neuvy-
Saint-Sépulcre, afin d'enrichir par ces dons

son sol natal, et de rendre plus intense la dévotion de ses compatriotes envers la Passion de Notre-Seigneur. Comme ces faits paraissent hors de doute, d'après une lettre même du Cardinal Eudes, et d'après d'autres monuments d'une autorité tout à fait exceptionnelle, le Souverain Pontife Pie IX, dans la nouvelle approbation qu'il donna au calendrier et au propre du diocèse de Bourges, accorda que mention en soit faite par tout le clergé berrichon le jour de la fête du Sang très Précieux de Notre-Seigneur ».

Vraiment n'y aurait-il pas quelque témérité à s'inscrire en faux contre des témoignages de cette valeur ?

Le Miracle. — Est-il possible ?

Mais la grande preuve qui force l'adhésion de l'esprit, c'est le miracle, je veux dire « une dérogation manifeste aux lois de la nature ». « Le miracle est la lettre de créance de Dieu ! » Quand il éclate quelque part on est bien obligé de reconnaître que « le doigt divin est là ». Est-il à Neuvy ? Sans prétendre que le miracle y fleurisse comme à Lourdes, on doit reconnaître qu'il s'y produit. Convient-il, avant d'aborder cette question de s'arrêter une minute en face de l'absurde objection qu'une philosophie aux abois soulève contre la possibilité du miracle ? On connaît la fameuse boutade de Jean-Jacques Rousseau : « Si quelqu'un s'avisait de nier que le miracle fût possible ce serait lui faire trop d'honneur que de lui répondre, il faudrait l'enfermer ! » Pour admettre la possibilité du miracle il suffit en effet de croire à un Dieu libre ! Or il est bien évident que cet univers a eu un commencement, c'est-à-dire une cause, puisqu'il déploie son existence à travers une série d'instants successifs, et que les phénomènes qui en constituent la trame s'accomplissent les uns après les autres. Il est donc soumis à la loi du temps et par conséquent à la loi du nombre. Et qu'on ne vienne pas prétendre que le temps est une sorte de modalité subjective de notre conscience ! La preuve qu'il correspond à une réalité objective c'est que nous ne sommes les contemporains ni de Napoléon, ni de Louis XIV, ni de Jeanne d'Arc ! Mais le nombre qui résulte d'un

agrégat d'unités ne saurait être infini !
Si grand qu'il soit, on peut donc toujours
le supposer plus grand, en y ajoutant une
unité. La notion de nombre est irréductible
à la notion d'infini. Donc il n'y a pas un
nombre infini d'instants que le monde existe !
Donc il n'existe que depuis un certain
nombre d'instants ! Donc il y a eu un moment
où il n'existait pas ! Donc il a eu un commencement, et donc une cause !

Veut-on un autre argument encore ?
Toutes les sciences sont unanimes à affirmer
que l'évolution du « cosmos » tend vers un
état final de repos. La fièvre qui l'agite en
des convulsions parfois si redoutables s'apai-
sera. Sa température baissera. Il faudra
sans doute des siècles pour que cette dégra-
dation s'opère ; la somme d'énergie diffuse
à travers l'univers est si considérable !
Mais les siècles ne comptent pas du point
de vue de l'absolu. Étant donné le sens
suivant lequel, sous l'inéluctable poussée des
lois physiques, se dirige la courbe de ses
destinées, il arrivera un jour où les nébuleuses
se condenseront pour devenir des étoiles et
où les étoiles se refroidiront pour se trans-

former en planètes. Mais pourquoi ce terme n'est-il pas atteint ? On ne peut trouver qu'une seule réponse ; c'est que le temps a manqué ! C'est que la durée du monde n'est pas éternelle : c'est qu'il a eu un point de départ. Toutes les avenues de l'intelligence, aussi bien que toutes les routes de la conscience et du cœur, aboutissent à la même conclusion. Et si on la rejette, l'univers n'est plus qu'une inconcevable chaîne sans bout, flottant au hasard, dans un vide où s'évanouissent la raison et le bon sens.

Dieu existe donc, et comme c'est lui qui a créé toutes choses, il est libre et indépendant de son œuvre, puisqu'il lui est extérieur, antérieur et supérieur. Il peut ainsi, pour des motifs dont sa sagesse et sa bonté se réservent le secret, intervenir dans la série des phénomènes, afin d'en modifier le cours et de suspendre l'action des lois qu'il a établies. Ces lois en effet n'ont pas le caractère catégorique des lois morales, qui expriment le devoir absolu et qui n'admettent pas de réplique. Elles n'ont qu'une valeur hypothétique. Elles se bornent à dire : tel phénomène se produira, telles conditions étant posées. Le réseau de leurs formules est donc assez souple pour que la liberté de la Cause première y trouve son jeu. Et qu'on n'aille pas objecter qu'il est indigne de Dieu de changer l'ordre naturel des choses, à la prière d'une pauvre créature, d'une humble femme par exemple ! Indigne, et pourquoi donc ? Faudrait-il être accadémicien, ou député, ou sénateur, ou ministre pour être exaucé du ciel ? En un temps où la démocratie coule à pleins bords, qui ne sent le ridicule d'une pareille objection ? Et qui ne sait que, sur l'échelle des valeurs, les ignorants et les petits, par la vertu et le mérite réel, devancent souvent les savants et les puissants ! Notre-Seigneur tressaillait de joie à cette pensée, et il remerciait son Père d'avoir voulu qu'il en soit ainsi. La moindre âme humaine, raisonnable, consciente, aimante, capable de le connaître, de l'appeler par son nom, de lui dire : « Notre Père », dépasse à ses yeux tous ces mondes faits d'une matière insensible, aveugle, inerte ! Il les a du reste créés pour elle, tandis qu'elle il l'a créée pour Lui, pour l'admettre au partage de sa gloire et de son bonheur. Dans cette intelligence infinie en effet, où tout est disposé avec nombre, poids, mesure, les êtres se superposent suivant une hiérarchie de perfection, où les inférieurs sont subordonnés aux supérieurs, comme les moyens à leur fin. Et c'est de là que résulte l'harmonie du plan de la création. Pascal l'avait admirablement compris : « De tous les corps ensemble vous ne ferez jamais sortir une pensée, cela est d'un autre ordre, spirituel. Et de tous les esprits ensemble, vous ne ferez jamais sortir un seul acte de charité, cela est d'un autre ordre, surnaturel ».

Donc, quand une de ces âmes souffre, pleure, saigne, et crie vers Lui, quoi d'étonnant que son cœur s'émeuve, qu'il se penche vers elle et lui tende la main pour la secourir ?

Du reste, trêve de discussions ! Entre ces raisonnements philosophiques, si pénibles, si hésitants, si abstraits, si arides, et l'acte de foi qui est un élan vital, spontané et sûr de toutes les puissances de l'âme, stimulées et soutenues par la grâce, il y a toute la différence qui existe entre des herbes séchées, fanées, cataloguées dans un album, et les fleurs qui s'épanouissent sur leurs tiges, tout humides de rosée, tout éclatantes de couleurs, tout enivrées de soleil, toutes palpitantes de sève, toutes ruisselantes de parfums ! L'intelligence qui veut comprendre son objet, le dissèque, l'analyse, par conséquent le diminue forcément. Le cœur, qui se contente de l'aimer, le prend tel qu'il est. Aussi bien cette dernière voie est peut-être la meilleure pour aller à Dieu.

Le miracle a Neuvy.

Le miracle est donc possible. Examinons s'il s'en est produit à Neuvy. Tout d'abord n'est-ce pas un miracle que l'état de parfaite conservation de ces deux gouttes agitées et ballottées, depuis près de 800 ans, par tous les remous des foules à la vénération desquelles elles sont présentées ? Elles devraient être réduites en poussière, elles sont intactes !

Rappelons maintenant les faits historiques. Les eaux de la Bouzanne coulent dans un lit peu profond et sont encaissées, sur presque tout leur parcours, entre des coteaux dont les versants abrupts s'élargissent et s'écartent avant d'arriver à Neuvy. Il en résulte souvent que les flots de la rivière, gonflés par les pluies qui ruissellent sur ces pentes rapides, débordent en nappes tumultueuses à travers les campagnes environnantes. Le 13 mai de l'an 1623 « un troisième samedi de Pâques », disent les vieilles chroniques, une inondation d'une violence inouïe se produisit. Le pont de Neuvy, n'ayant qu'une seule arche, ne suffisait pas à engouffrer la masse d'eau qui se précipitait. Alors les vagues, qu'on aurait dites soulevées par je ne sais quel vent de colère, se répandent de toutes parts, déracinant les arbres, submergeant et ébranlant les maisons; emportant et brisant les meubles, envahissant et dévastant les tombes des cimetières de Saint-Pierre et de Saint-Étienne. Leurs remous terribles viennent battre les murs de la vieille collégiale Saint-Jacques. Mais voici que la conscience désemparée de cette foule se ressaisit et s'exprime dans le cri libérateur et sauveur qu'un inconnu vient jeter à la porte du Prieur du Chapitre : « Le Précieux-Sang, apportez le Précieux-Sang ! » Au milieu du désarroi universel, ce cri jaillit comme un éclair d'espoir. On va chercher la sainte Relique. A peine a-t-elle paru que l'eau, comme si elle avait reconnu « Celui à qui les flots obéissent », se retire et se calme, cédant à la force mystérieuse qui la repousse et l'enchaîne dans son lit. Voilà bien le miracle, n'est-ce pas ! Pour l'écarter, on ne saurait invoquer ici la suggestion, la surexcitation nerveuse, puisqu'il s'agit d'un élément inconscient et insensible. Peut-être essayera-t-on d'objecter qu'il est dans l'ordre des choses qu'une inondation se retire, lorsqu'elle a obtenu son maximum de croissance ? Sans doute, mais le recul se produit lentement, et non pas avec cette promptitude ! Le miracle consiste souvent, moins dans la nature même du phénomène, que dans le mode suivant lequel il s'opère. Telle maladie par exemple n'est pas incurable. Le tempérament du malade, réagissant, avec le secours du médecin, sous l'aiguillon des remèdes, pourra donc arriver à la guérison, mais avec le temps ! Si cette guérison est instantanée, et si elle est consécutive à une prière, à un acte de piété accompli par le malade, ou par d'autres, à son intention, il est évident que les habitudes de la nature et les lois de la science sont ici bouleversées, il y a donc intervention de la Puissance divine, il y a miracle ! Or le fait dont nous parlons, présente manifestement un caractère analogue. « A chaque pas que la sainte Relique faisait en avant, remarquent les témoins, l'eau reculait d'un pas en arrière ! » La population de Neuvy n'a pas été ingrate. Tous les ans, le 13 mai, elle célèbre, sous le nom de fête du miracle, une solennité pieusement suivie, où elle remercie le Précieux-Sang de l'avoir sauvée.

En 1638, l'année du vœu de Louis XIII, consacrant la France à la Très Sainte Vierge, et instituant la procession du 15 août, c'est sur la paroisse de Chassignolles, canton de La Châtre que s'exerce la protection du Précieux-Sang. Une terrible épidémie de dysenterie et de typhus ravageait le pays. Tous les moyens employés pour enrayer le mal semblent n'aboutir qu'à en exaspérer la virulence. Épouvantés, les habitants songent à invoquer le sainte Relique de Neuvy. Ils partent en pèlerinage le matin du lundi de la Trinité, s'engageant à venir ainsi chaque année à la même date s'ils sont exaucés. La contagion cesse aussitôt. Les siècles ont passé depuis, effaçant bien des promesses inscrites dans les sables mouvants du cœur humain. Pas un instant la fidélité des Chassignolais ne s'est démentie. Tous les ans le lundi de la Trinité les ramène nombreux, sur les traces de leurs pères, au pied de l'autel du Précieux-Sang.

Mentionnons encore la vision de la Bienheureuse Jeanne de Maillé. Elle s'était fixée à Tours près du tombeau de saint Martin. La nouvelle de l'insigne faveur faite à Neuvy n'était donc pas restée enfouie dans les marécages et les bois de la région, elle était parvenue jusqu'en Touraine. Eudes d'ailleurs avait là un ami, le chanoine Hugues, à qui il avait remis également certaines reliques rapportées de Terre-Sainte, et à qui il avait dû annoncer le précieux envoi adressé à son pays natal. Jeanne de Maillé avait pu en outre être renseignée par sa famille, qui appartenait au Berry et qui compte toujours chez nous des descendants dignes d'elle. C'est en 1393 qu'elle accomplit son pieux pèlerinage. Elle était revêtue du pauvre habit du Tiers-Ordre franciscain. Elle demeura à Neuvy tout un mois, qu'elle passa à l'église, devant les saintes gouttes, méditant sur la Passion de Notre-Seigneur. Un jour qu'elle prie avec une ferveur particulière, elle a une extase, elle voit les Anges qui déposent devant elle Jésus crucifié. Des blessures des pieds et des mains, de la plaie du côté, le sang ruisselle. Cette vision de la Bienheureuse ne signifiait-elle pas que le Ciel ratifiait à ses yeux la croyance de son cœur à la sainte Relique de Neuvy ?

Enfin, au mois d'octobre et de novembre 1918, dans les derniers jours de la guerre, une de ces épidémies malignes qui font cortège aux grands fléaux, pour achever leur œuvre de destruction, « comme on voit dit l'orateur sacré, derrière les grands fauves, lions ou tigres, marcher des hyènes et des chacals, pour dévorer leurs restes », une de ces épidémies donc ravageait l'Europe. On l'appelait « la grippe espagnole ». Elle sévissait à Neuvy avec une extraordinaire violence. Cinq jeunes personnes de dix-huit à trente ans furent terrassées en quinze jours. La population affolée se souvint du geste et du cri de ses pères, à ces heures de calamité. Elle demanda une neuvaine au Précieux-Sang. Immédiatement le mal s'arrêta. Quelques cas se rencontrèrent encore çà et là, plusieurs présentèrent même une certaine gravité, aucun ne fut mortel. Et, ce qui souligne encore le caractère singulier du fait, c'est que, tandis que Neuvy se trouvait ainsi mystérieusement et soudainement immunisé, la redoutable maladie continuait ses incursions meurtrières dans toutes les paroisses voisines. Devant une marque aussi évidente de la protection d'en-haut, MM. les membres du Comité paroissial, interprètes du sentiment unanime de la population, demandèrent à Mgr Izart, Archevêque de Bourges, l'autorisation de célébrer chaque année, au premier jour libre de novembre, une messe d'action de grâces, suivie de la procession de la sainte Relique, à l'intérieur de l'église, afin de commémorer et de perpétuer le souvenir de cette grâce. Sa Grandeur accorda l'autorisation demandée.

Et, à côté de ces faits enregistrés par l'Histoire, combien d'autres que l'on n'ose pas publier, et dans lesquels l'intervention divine n'est pas moins certaine ! Combien de guérisons, combien de faveurs reçues, dont l'auteur de ces lignes est presque chaque jour le confident ému !

Et, suivant le mot de l'Évangile, ces grâces d'ordre temporel sont « des signes ». Elles représentent et symbolisent des grâces mille fois plus merveilleuses encore, opérées dans l'ordre spirituel et surnaturel, et dues à l'invocation du Précieux-Sang. Grâces de persévérances victorieuses, de réconfort, de paix, de consolation, d'illumination intérieure ; don des larmes, grâces de conversion, dans lesquelles étincelle, comme les rayons du soleil à travers des gemmes, la vertu du Sang Rédempteur, et qui ne seront connues qu'au jour des révélations suprêmes, pour la plus grande gloire de Celui qui nous les aura méritées et accordées, et de ceux dont les prières en auront obtenu l'effusion.

CONCLUSION.

En jetant un coup d'œil en arrière, au moment d'achever ces pages, une pensée nous arrête, qui s'exprime dans le mot du psaume : « *Non fecit taliter omni nationi*, Il n'a pas agi de même envers toutes les nations ».

Au cours du XIe siècle en effet, une église se construisait donc en Berry sur le modèle du Saint-Sépulcre. Deux siècles plus tard un des fils les plus illustres de cette contrée, le Cardinal Eudes, partait en Terre-Sainte. Il en rapportait, selon ses propres expressions, des gouttes « du Sang par lequel nous avons été rachetés et lavés de nos fautes », et il les faisait placer sous cette splendide coupole, où elles trouvaient un tombeau préparé d'avance pour les recevoir. Elles y reposent, depuis, sur le cœur de la France, de laquelle on a le droit de dire qu'elle est, à bien des titres, le second Israël, la race d'élection et de choix. Cette sainte Relique demeure renfermée dans le sein de notre patrie, ainsi qu'une semence de bénédiction, dont chaque génération recueille les fruits. Et voici que bientôt sur ce sol français, sanctifié et fertilisé par ce contact divin, fleurit, comme un signe de salut pour les temps nouveaux, la dévotion au Sacré-Cœur. Puis c'est la Très Sainte Vierge, qui, chargée de communiquer à la terre les messages du ciel, se plaît à visiter notre pays, affirmant à La Salette la nécessité de la pénitence, à Lourdes la réalité du surnaturel, à Pontmain l'efficacité de la prière, à Pellevoisin la toute-puissance de son intercession miséricordieuse. Or nous savons que rien n'est abandonné au hasard. Au contraire, tout dans le monde de la nature, aussi bien que dans celui de la grâce s'enchaîne et se coordonne, suivant un plan qui a été, jusqu'en ses moindres détails, réglé dans les conseils d'en-haut. Il est donc permis de croire que nous sommes en face d'un admirable dessein providentiel, dont les différentes parties s'accordent dans la plus harmonieuse unité, et dont les grandes lignes apparaîtront dans une clarté de plus en plus vive, à mesure que les préjugés tomberont, et que notre atmosphère intellectuelle et morale se dégagera des nuages d'erreurs qui l'obscurcissent.

Alors notre peuple, reconnaissant que le Ciel l'a en effet préféré aux autres, et comprenant que la loi de sa glorieuse Histoire, que le sens de sa vocation sublime, en même temps que son intérêt véritable est d'accomplir à travers le monde « les gestes de Dieu », reviendra pour toujours aux pieds du Christ qui n'a jamais cessé d'aimer les Francs.

APPENDICE

Inutile de revenir sur les indulgences nombreuses dont l'Église a enrichi la Basilique de Neuvy-Saint-Sépulcre et dont nous avons donné la nomenclature plus haut. Mais il peut être intéressant et utile de faire connaître les principales manifestations de piété qui se produisent ici en l'honneur de la sainte Relique.

Fêtes du Précieux-Sang

Nous avons six fêtes du Précieux-Sang.

1° Celle du Lundi de Pâques[1], la plus importante et la plus solennelle de toutes. Chaque année elle attire des foules de toute la région. Elle a atteint son maximum d'éclat en 1914. Mgr Dubois, alors Archevêque de Bourges, vint la présider, et les chants furent exécutés par la Maîtrise de la Cathédrale, qui avait accompagné Sa Grandeur.

[1]. Un peu tombée autrefois, elle a repris son essor en 1904, grâce à l'action de M. le chanoine Bédu, alors Doyen de Neuvy-Saint-Sépulcre, aujourd'hui chanoine titulaire de la Cathédrale de Bourges.

On évalue à 15.000 le nombre des pèlerins qui y prirent part. Les rues, les places avaient été, grâce aux soins de certaines personnes dévouées, magnifiquement pavoisées et décorées d'arcs de triomphe, de reposoirs, de guirlandes, de tentures, d'oriflammes.

2º Celle du dimanche qui précède la Saint-Denys d'octobre, fixée à cette date par le Cardinal Eudes lui-même, probablement par dévotion pour saint Denys, premier évêque et patron de l'Eglise de Paris, dont Eudes fut chanoine. Cette fête donne lieu le soir, après les vêpres solennelles, à une cérémonie impressionnante. C'est l'automne. Les rayons du soleil, semblables en cette saison à de longs fils soyeux, glissant à travers les baies de la coupole, revêtent ses murs et emplissent ses voûtes d'une clarté fauve, où les ombres des colonnes s'agrandissent démesurément. Les prêtres, toujours très nombreux, qui assistent à la solennité, s'avancent alors couverts de chapes noires, et viennent, parmi les derniers reflets du jour mourant, chanter une absoute pour le repos de l'âme du Cardinal Eudes et des membres défunts de la Confrérie du Précieux-Sang. Le lendemain un service est célébré à la même intention.

3° Celle du 13 mai, dite fête du Miracle, en souvenir de la préservation du fléau de l'inondation qui menaçait Neuvy.

4° Celle du lundi de la Trinité, ramenant chaque année les paroissiens de Chassignolles reconnaissants.

5° Celle du dimanche qui précède la Saint-Fiacre du mois d'août, habituellement le dernier dimanche d'août, appelée fête du Vœu, et instituée en effet par un vœu que firent nos pères, en l'an 1639, sous le règne du Roi Louis XIII, par devant M. Ithier Rochoux, notaire royal du ressort d'Issoudun, résidant à Neuvy, pour remercier le Précieux-Sang de les avoir délivrés du typhus. L'Histoire locale a retenu les noms de deux des signataires de cet acte ; ce sont Gui de Lalande, de Pisseloup, et Michel Thabaud, d'Archy.

6° Celle du mois de novembre, concédée par Sa Grandeur Mgr Izart, Archevêque de Bourges, le 24 novembre 1918, à la demande du Comité paroissial, en reconnaissance de la protection visible qu'a exercée le Précieux-Sang sur la paroisse de Neuvy, au cours d'une terrible épidémie de grippe. Cette fête est fixée au premier jour libre.

Toutes ces fêtes sont accompagnées de l'ostension de la sainte Relique, qui est portée en procession, soit à travers les rues, soit à l'intérieur de l'église, puis présentée à la vénération des fidèles.

On pourrait ajouter à cette série la fête du Saint-Sépulcre, qui se célèbre, à Neuvy comme à Jérusalem, le 15 juillet. Elle marque ici l'anniversaire de l'arrivée des Reliques du Précieux-Sang envoyées par le Cardinal Eudes, et des reliques de la pierre du Tombeau du Sauveur apportées par M. le chanoine Trumeau [1]. C'est également la date de l'Adoration Perpétuelle dans la paroisse. Un indult de Rome permet que ce jour-là on chante, dans notre Basilique, la messe et l'office du Saint-Sépulcre, tels que les chantaient les anciens chanoines, et tels qu'on les chante à Jérusalem.

1. M. le chanoine Trumeau, enfant de Neuvy-Saint-Sépulcre, pèlerin de Terre-Sainte, Archiprêtre de La Châtre, était resté très attaché à sa paroisse natale. Il en fut le bienfaiteur insigne.

Pratiques de dévotion au Précieux-Sang

Parmi ces pratiques de dévotion, mentionnons, en première ligne, le chapelet du Précieux-Sang. Il se compose de la médaille du Précieux-Sang et de 33 grains, commémorant les 33 années de la vie mortelle du Sauveur, pendant lesquelles les battements de son Cœur adorable pressaient son Sang de se répandre pour notre salut. Ces grains sont divisés en un groupe de trois en l'honneur des trois divines Personnes de la Sainte-Trinité, et en six groupes de cinq, en l'honneur des cinq plaies par où le Précieux-Sang a coulé. Les six groupes représentent les six vases de pierre, contenant l'eau qui fut changée en vin, à Cana, par un miracle auquel l'Église a toujours attaché une importance considérable, car il était l'annonce de l'effusion prochaine du Sang rédempteur dans la Passion et dans l'Eucharistie. Tout ce symbolisme est magnifique, et d'une richesse doctrinale qui rappelle les Mystères du Rosaire.

On peut réciter le *Credo* sur la Médaille, afin d'affirmer cette foi catholique dont le

Précieux-Sang est l'irrécusable caution ;
et, sur les autres grains, le « *Pater* », qui ré-
sume si bien les prières formulées par la
voix de ce Sang divin, et l'« *Ave Maria* »,
en mémoire de l'ineffable Mystère où le
Sang très pur de Jésus fut formé du Sang
immaculé de Marie. Aux intervalles des
divisions, on dit le « *Gloria Patri* », et l'invocation : *Sanguis Christi, propitius esto,*
Précieux-Sang de Jésus soyez-nous propice ! »
Il est bon enfin de conclure par l'admirable
prière liturgique que l'Église a insérée dans
son office du Précieux-Sang :

« *O Dieu tout puissant éternel, qui avez
constitué votre Fils unique Rédempteur du
monde, et qui avez accepté que votre justice
soit apaisée par son Sang, accordez-nous,
nous vous en supplions, d'entourer d'un culte
si solennel ce précieux gage de notre salut
qu'il nous obtienne d'être délivrés par sa vertu
des maux de la vie présente et de goûter ses
fruits au ciel, dans le bonheur de l'éternité ! »*

Mentionnons aussi, au nombre des pratiques
de dévotion, les lampes qu'on nous demande
parfois de faire brûler devant l'Autel de la
sainte Relique. Parmi ces lampes, il en est

une en argent qui avait été offerte par un roi de Portugal au Saint-Sépulcre de Jérusalem, et que notre compatriote, M. le chanoine Trumeau, obtint du Patriarche, Mgr Vallerga, pour la Basilique de Neuvy.

AVANTAGES ATTACHÉS A LA CONFRÉRIE

Les plus importants de ces avantages résultent des messes qui sont célébrées chaque vendredi de l'année excepté le Vendredi-Saint, pour tous les membres vivants et défunts de la Confrérie. Elles sont suivies de la lecture des intentions qui nous sont recommandées, de la récitation de cinq « *Pater* » et de cinq « *Ave* », avec l'invocation cinq fois répétée « Précieux-Sang de Jésus, soyez-nous propice », et de la bénédiction avec le saint Ciboire.

TEXTE LATIN

DE LA LETTRE DU CARDINAL EUDES,
ACCOMPAGNANT L'ENVOI DU PRÉCIEUX-
SANG ET D'UN FRAGMENT DU TOMBEAU
DE NOTRE-SEIGNEUR JÉSUS-CHRIST.

(Juillet 1257).

Odo, miseratione divinâ Tusculanus Epis-
copus, dilectis in Christo Priori et capitulo
sancti sepulcri de Novo Vico, Bituricensis
diœcesis, salutem. Divino servitio jugiter
inhærere, quanto honori haberi debeant et
quanta reverentia venerari loca Domino
consecrata, que templa, vel basilicæ nuncu-
pantur, apertissimè demonstratur ex serie
Novi et Veteris Testamenti et ex sacrorum
canonum institutis. Nulli ergo tenenti fidem
catholicam venire debet in dubium quin
animata templa Dei de quibus dicitApostolus:
« Templum Dei estis vos, et spiritus Dei
habitat in vobis », quanto sunt templis
mortuis sanctiora, tanto debent amplius venerari : etsi enim mortui sunt corporaliter
morte in conspectu Domini pretiosâ, vivunt
tamen vitâ perpetuâ, Deo, qui est vita et lux,

inseperabiliter assistentes, fontes nobis salutis effecti et promptuaria, quod probant multiformia beneficia quæ de ipsorum reliquiis emanant jugiter, et etiam miraculaque ad eorum memorias coruscare noscuntur. Si enim de petrâ aquarum abundantia nutu divino in eremo data fuit et ex maxillâ asini virtus divina aquam Sampsoni præbuit sitienti, nequaquam debet esse incredibile quin ossa et sanctorum reliquiæ de locis suis pullulent, ut dicitur de ossibus duodecim prophetarum, ut piè poscentibus plurima beneficia largiantur, ut jam non reputentur mortui sed viventes. Si enim cadaver hominis mortui ossa Helisei contingens vivificatum est, multo fortius remedia proveniunt per sanctorum reliquias actu fidei mediante : si ergo sanctorum reliquiæ tantam habent virtutem ut ipsa miracula testantur, et ideo debetur eis cultus honorificus exhiberi, quanto magis, imo sine omni comparatione, reliquiæ Sancti sanctorum debent præ omnibus aliis reliquiis venerari.

Volentes autem solum natale, ut posssumus honorare et contra hostes visibiles et invisibiles præsidium inæstimabile ministrare,

attendentes etiam devotionem fidelium qui,
ut haberent semper præ oculis Dominicam
passionem et mortem, ecclesiam vestram
in honore sepulcri Dominici fundaverunt,
pro re similitudinem amplectentes, affectio-
nem quam habebant ad sepulcrum Domini-
cum ostendentes. Ideo mittimus vobis de
lapide sepulcri Domini gloriosi, ut veritas
imagini societur . et quod omnibus reliquiis
pretiosiùs est, mittimus vobis de pretiosissi-
mo sanguine Salvatoris nostri quo redempti
sumus a peccatis nostris atque loti. Honoretis
ergo tantum thesaurum et servetis sollicitè,
quia incomparabilis est omni auro, argento
et lapidi pretioso, et adjuramus vos ut has
reliquias non ostendatis nisi in sancto die
Parasceves et Dominicâ proximâ antè festum
beati Dyonisii in quâ ob reverentiam sanc-
tarum reliquiarum, nos à Domino nostro
sanctissimo Pontifice impetravimus indul-
gentiam prout in litteris papalibus, pleniùs
continetur. Has ergo sanctas Reliquias pro
magno munere accepimus in Terrâ Sanctâ,
dum ibidem legationis officio fungeremur.
Mementote ergo mei in orationibus et sacrificiis vestris et exemplar hujus litteræ in

libris vestris faciatis conscribi et in Dominicâ antedictâ, loco unius lectionis vel duarum faciatis legi ut discant posteri vestri quomodo et per quem istæ Sanctissimæ Reliquiæ ad vestram ecclesiam pervenerunt ; et rogamus quantô intuitu pietatis post mortem nostram unum anniversarium celebretis. Datum Viterbii, anno Domini millesimo ducentesimo quinquagesimo septimo, mense julio.

(L'original de cette lettre est perdu. Cette copie a été faite d'après un vidimus de Guy de Chamborello, de 1380, qui se trouve aux archives de l'Indre [1]).

1. Voir CAILLAUD, page 266.

HYMNES ET CANTIQUES

EN LATIN ET EN FRANÇAIS

en l'honneur du Précieux-Sang,

avec approbation de l'Ordinaire

HYMNES ET MOTETS

EN LATIN

HYMNE AU PRÉCIEUX-SANG

AIR : *Ave maris stella*

I

Ave, Christi Sanguis !
Qui pius dedisti
Gratiam salutis
Quibus redemisti.

I

Nous nous agenouillons devant toi, ô Sang miséricordieux du Christ, dont la Rédemption nous apporte la grâce du salut !

II

In divinæ Matris
Sinu virgineo
Vi factus amoris,
Germine e superno,

II

Formé dans le sein virginal de la Divine Mère, par l'intervention miraculeuse de l'Amour Tout-Puissant,

III

Novi Testamenti
Instituit fœdus.
Quo cœlorum regni
Participes sumus.

III

Il établit un Testament nouveau qui nous assure l'héritage du ciel.

IV

Tota sacramenti
Fluit illo fonte
Virtus, quæ languenti
Manat in homine.

IV

Il est la source d'où coule toute la vertu des sacrements qui se répand en nous, pour nous soulager dans nos défaillances.

V

Tunc vetus peccatum
Prorsus abluitur,
Tunc vetus fermentum
Prorsus ejicitur.

V

Alors l'antique péché est effacé entièrement, alors le vieux ferment mauvais est entièrement détruit.

VI

E cruce devolvens
Æstuantes undas,
Flumen late rubens
Lætas rigat terras.

VI

Ce sang fait comme un large fleuve aux flots rouges, dont les ondes impétueuses, coulant de la croix, arrosent et fécondent la terre.

VII

Et quam miros fructus
Ripis alit suis !
Hic Sanguis effusus
Dat veniam reis.

VII

Et quels fruits merveilleux il entretient sur ses rives ! C'est ce Sang répandu qui procure le pardon aux coupables.

VIII

Praestat martyribus
Mentis constantiam,
Servat virginibus
Vitam semper puram !

VIII

C'est lui qui donne aux martyrs le courage, c'est lui qui garde aux vierges l'indéfectible pureté de leur vie !

IX

Animi fervorem
Ardens prœbet justis,
Beatam mercedem
Dives offert cunctis !

IX

Ardent, il communique la ferveur aux âmes des justes, généreux, il offre à tous la béatitude comme récompense.

X

Patri sit æterno,
Incarnato Verbo,
Spiritui Sancto,
Laus omni sæculo !

X

Au Père éternel,
au Verbe fait chair,
et au Saint-Esprit,
louange soit à jamais !

MOTETS AU PRÉCIEUX-SANG

Air : « *Panis angelicus* »

I

Sanguis dominicus
Fit salus hominum,
Infirmus diffusus
Dat vigorem sanum,
Veteris Adami
Sic delet noxium
Gratia miranda Christi !

Le Sang divin devient le salut des hommes, répandu dans nos membres infirmes il leur communique une saine vigueur ; ainsi l'admirable grâce du Christ répare la faute du vieil Adam.

II

Patri qui dilectum
Natum nobis tradit,
Filio qui suum
Sanguinem effundit,
Illi qui formavit
Corpus Verbi sanctum,
Gloria laus et honor sit !

Gloire, louange et honneur soit au Père qui nous envoie son Fils bien-aimé !
Au Fils qui verse pour nous son Sang,
Au Saint-Esprit qui forma le corps sacré du Verbe !

Air : « *O salutaris Hostia !* »

I

O vere sanguis Domini !
Salutis nostræ pretium,
Vitam largiens homini,
Cœleste donans præmium !

O vrai Sang de Notre-Seigneur !
C'est vous qui êtes le prix de notre salut !
Vous qui donnez la vie aux hommes !
Vous qui nous accordez la récompense du ciel !

II

Patri qui nobis Filium,
Filio qui dat sanguinem,
Cui perficit opus sanctum,
Gloriam demus ac laudem.

Gloire et louange au Père qui nous livre son Fils,
Au Fils qui nous donne son Sang,
A l'Esprit-Saint qui achève l'œuvre de notre sanctification.

AIR : « *Adoro te* »

I

Adoro te supplex, Sanguis
(redemptor),
Meritas absolvens pœnas
(delicti !)
Unicam spem nobis te
(profiteor,)
Aperto qui fluis latere
(Christi !)

I

Je t'adore à genoux, ô
Sang rédempteur, toi qui
expies les peines dues pour
les péchés. Je proclame que
tu es pour nous l'unique
espérance, ô toi qui coule du
cœur blessé de Jésus-Christ !

II

Pie Pelicane, Jesu Do-
(mine !)
Me immundum munda tuo
(Sanguine,)
Cujus una stilla salvum
(facere)
Totum mundum qui ab
(omni scelere !)

II

Divin pélican, Seigneur
Jésus, moi qui suis impur
purifie moi dans ton sang,
dont une seule goutte peut
laver tous les péchés du monde.

III

Patri nos creanti summa
(gloria,)
Christo nos sananti sit
(victoria,)
Sanctificanti nos Para-
clyto honor !)
Tribus laus æqualis et
(compar amor !)

III

Gloire soit au Père qui
nous a créés,
Victoire au Christ qui nous
a sauvés,
Honneur à l'Esprit qui
nous a sanctifiés.
Aux trois, louange pareil
et égal amour !

Air : « *Tantum ergo* »

<table>
<tr><td>

I

Novum illud Testa-
[mentum
Caritatis æternæ
Et signum quod
[prétiosum
Christus suo Sanguine
Præstat nobis reco-
[lendum,
Veneremur devote.

</td><td>

I

Vénérons de tout cœur ce Testament nouveau de l'éternel amour, ce précieux gage de charité, que le Christ nous donne dans son Sang, et qu'il propose aujour- d'hui à notre culte.

</td></tr>
<tr><td>

II

Génitori nobis danti
Filium in hostiam,
Genitoque tribuenti
Sanguinem in me-
[delam,
Ab utroque Proce-
[denti,
Honorem et gloriam !

</td><td>

II

Au Père qui nous donne son Fils comme victime,

Au Fils qui nous donne son Sang comme remède,

A l'Esprit-Saint qui procède de l'un et de l'autre,

Honneur et Gloire !

</td></tr>
</table>

———

Adoremus in æternum hunc Sanguinem pretiosum.

Adorons à jamais ce Sang très précieux !

CANTIQUES EN FRANÇAIS

HYMNE AU PRÉCIEUX-SANG

POUR LES FÊTES DU LUNDI DE PAQUES ET DE LA ST-DENYS

Paroles de M. l'abbé Piétu
Curé-Doyen de Neuvy-St-Sépulcre

Musique de M. l'abbé Signargout
Maître de Chap. de la Cath. de Bourges.

REFRAIN

Salut, Neuvy, Jérusalem de France,
O toi, qui gardes sur ton cœur,
Divin remède à l'humaine souffrance,
Deux gouttes de sang du Sauveur.

I

Je te salue, ô terre vénérée
Où le Croisé pieusement jeta,
Ferment béni, la poussière sacrée,
Qu'il avait prise aux flancs du Golgotha.

II

Je te salue, ô noble Basilique,
Sépulcre saint de Jésus notre Roi,
Splendide abri de l'insigne Relique,
Gardée ici par huit siècles de foi !

III

Je te salue, ô Sang divin qui scelles
Une alliance établie à jamais,
Et qui tombant « des cîmes éternelles »,
Dans nos vallons te répands en bienfaits !

IV

Formé pour nous, en un touchant mystère,
Par la vertu de l'Esprit tout-puissant,

Au chaste sein de « l'admirable Mère »,
Il se mélange aux flots de notre sang.

V

Par le Baptême et par l'Eucharistie,
Ce Sang nouveau passe, avec sa vigueur,
Dans notre chair qu'il baigne et vivifie,
En refoulant notre vieux sang pécheur.

VI

Alors vraiment le Chrétien a des ailes,
Car le Sang pur qui le plie à sa loi,
Dans son courant roule des étincelles
De charité, d'espérance et de foi.

VII

Il communique à notre race humaine,
Que le mal ronge, empoisonne et flétrit,
L'afflux de vie immaculée et saine,
Qui régénère, et relève, et guérit.

VIII

Il est courage, ardeur, il est prière ;
Tous les appels désolés et navrants,
Les cris vers Dieu jetés par la misère,
Il les exprime en accents plus vibrants.

IX

Il est pardon, rançon pour tous nos crimes ;

L'outrage amer qu'ils infligent aux cieux,
Et qui résiste au sang de nos victimes,
Est effacé par ce sang précieux.

X

Chargé d'amour, longuement il ruisselle.
Continuant à travers tous les temps
La Passion d'un Dieu qu'il renouvelle,
Sous nos regards, depuis dix-neuf cents ans.

XI

Sans cesse il coule aux grottes d'agonie,
Où tu reviens, ô Maître, chaque soir,
Le cœur étreint d'une angoisse infinie,
Comme un fruit mûr broyé sous le pressoir.

XII

Sans cesse il coule au milieu des épines,
Que le méchant, sur ce front déchiré,
Croise, insensible aux souffrances divines
En un réseau chaque jour plus serré.

XIII

Sans cesse il coule aux abords du prétoire,
Sous la morsure atroce des fouets lourds,
Reproduisant la douloureuse histoire
Du Juste ainsi persécuté toujours.

XIV

Sans cesse il coule au long de l'âpre pente,
Où le Martyr, poursuivant son chemin,
Gravit la rampe escarpée et montante
Des siècles durs, en leur circuit sans fin.

XV

Il coule encor de la Croix du Calvaire,
Entre les rangs des deux groupes rivaux :
Là, les croyants, baignés dans la lumière,
Ici, dans l'ombre, insulteurs et bourreaux.

XVI

Et ce sang tombe en gouttes efficaces,
Ouvrant la voie à l'humble repentir,
Creusant enfin des abîmes de grâces,
Où les péchés absous vont s'engloutir.

XVII

Il est le « fleuve aux mouvements rapides
« Qui réjouit la divine Cité »,
Et qui charrie en ses ondes limpides
Le germe sûr de l'immortalité.

XVIII

Et sur ses bords, au jardin de l'Église,
Quelle splendeur ! Quelle fertilité !

Apôtres saints, Vierges à l'âme exquise,
Martyrs au cœur brûlant de charité !

XIX

Prêtres pieux, vrais bienfaiteurs du monde,
Chrétiens fervents, à qui le Ciel sourit ;
Tels sont les fruits que ta sève féconde,
Sang généreux alimente et nourrit !

XX

Or, pour montrer par un signe authentique
Que notre France est l'Israël nouveau,
Ce sang, repris à l'Israëi antique,
Repose ici dans son dernier tombeau.

PRIÈRE AU PRÉCIEUX-SANG

POUR LES FÊTES DU LUNDI DE PAQUES ET DE LA ST-DENYS

Paroles de M. l'abbé Piétu
Curé-Doyen de Neuvy-St-Sépulcre

Musique de M. l'abbé Signargout
Maître de Chap. de la Cath. de Bourges.

REFRAIN

O chère et sublime Relique !
Sang divin que nous adorons !
Vous restez notre espoir unique,
De tout cœur nous vous implorons. *(bis)*

I

Sang de Jésus, qui fécondez la terre,
    Où vous coulez en flots d'amour,
Accordez-nous, suivant notre prière,
    A tous le pain de chaque jour.

II

Sang de Jésus, qui dotez les familles
    Où l'on sert Dieu, notre vrai Roi,
Affermissez et nos fils et nos filles
    Dans le respect de votre loi.

III

Daignez bénir l'enfant dont les yeux s'ouvrent
    En souriant dans son berceau,
Et le vieillard dont les espoirs découvrent
    Un monde au delà du tombeau.

IV

Sang de Jésus, qui sauvez les patries,
    Donnez-nous un peuple sans peur,
Pénétrez-nous des saintes énergies
    Qui font les races au grand cœur.

V

Et puisqu'enfin vous voulez notre France
Catholique ainsi qu'autrefois,
Sang rédempteur, soyez sa délivrance,
Ramenez-la près de la croix.

VI

Sang de Jésus, qui protégez l'Église,
Défendez nos pieux pasteurs,
Ne souffrez pas que notre foi se brise
Contre les écueils des erreurs.

VII

Glorifiez cette épouse divine,
En face de ses ennemis,
Que l'univers joyeusement s'incline,
Sous le sceptre à ses mains remis.

VIII

Sang de Jésus, qui rachetez les âmes,
Faites-nous voir la vérité,
Et rallumez dans notre cœur les flammes
De la divine charité.

IX

Des volontés trop souvent défaillantes
Soyez la vertu, le soutien,
Obtenez-leur d'être toujours vaillantes,
Sur les âpres sentiers du bien.

X

Purifiez, aidez la conscience
   Où s'éveille le repentir,
Et rendez-lui cette fleur d'innocence
   Qu'un souffle impur a pu flétrir.

XI

Ayez pitié de ce cœur que tourmente
   Un réel désir d'être bon,
De ses remords calmez la fièvre ardente,
   Dans la paix de votre pardon.

XII

Aux corps meurtris, brisés par la souffrance,
   Apportez repos et santé ;
Consolez-nous par la douce espérance
   Du bonheur de l'éternité.

———

CANTIQUE POUR LA FÊTE DU MIRACLE, LA FÊTE DU VŒU ET LA FÊTE DE NOVEMBRE

AIR : *Pitié, mon Dieu*

REFRAIN

Dieu de nos pères,   Ajoute à nos prières
O Dieu puissant !   La vertu de ton Sang!

I

Comprends, Neuvy, combien ta part est belle
Et vois combien glorieux est ton rang !
Jésus, comptant sur ta foi, sur ton zèle,
T'a réservé la garde de son Sang !

II

Dès le début, l'éternelle Sagesse,
Dans ses desseins marquant ta mission
T'a fait l'heureuse et splendide promesse
D'être chez nous la nouvelle Sion.

III

Pour accomplir ton destin magnifique,
En ce pays dont le sol est sacré,
Ta piété construit ta Basilique,
Comme un Sépulcre à ton Christ adoré.

IV

Superbe fleur éclose de la sève
Qu'une foi vive entretient dans ton sein,
Sa forme évoque ainsi qu'en un beau rêve
La vision de l'Orient lointain.

V

Eudes bientôt apparaît dans l'Histoire,
Eudes, le fils si généreux pour toi,
Le Cardinal au nom couvert de gloire
Légat du Pape et conseiller du Roi.

VI

Mais un frisson passe à travers la France
Renouvelant les exploits des aïeux,
Princes, barons, s'en vont pour la défense
Du Golgotha, du Tombeau, des Saints-Lieux.

VII

Et sur la nef aux frémissantes ailes,
Eudes s'embarque et, d'un geste vainqueur,
Il te rapporte entre ses mains fidèles
Ce sang divin qu'il place sur ton cœur.

VIII

Trésor sublime, adorable Relique,
Cher aliment de notre piété,
Dont le Ciel même a, par signe authentique,
Plus d'une fois prouvé la vérité.

IX

Tu t'en souviens, Neuvy, quand l'eau gron-
Te menaçait, torrent impétueux,   [dante]
Ce sang qu'implore une prière ardente
Fait reculer le flot respectueux.

X

Et quand, pareil à la vague en furie,
Un noir fléau t'enlevait tes enfants,
Ce Sang propice à ta voix qui supplie
Refoule au loin ces assauts menaçants.

XI

Il est ici le foyer d'où rayonne
Sur tous les maux la grâce qui guérit
A sa vertu quiconque s'abandonne
N'a rien à craindre et jamais ne périt !

XII

Combien, vaincus, brisés par la souffrance
A son contact ont repris la vigueur
Et rajeunis ont senti l'espérance
Les enivrer de sa douce liqueur !

XIII

Mais c'est surtout dans les intelligences
Et dans les cœurs qu'il répand ses bienfaits,
Qui nous dira toutes les consciences
Qui par sa grâce ont retrouvé la paix !

XIV

L'heure est donc proche où des foules accrues,
Se dirigeant vers notre vieux Berry,
De tout côté chaque année accourues,
Au Sang du Christ viendront crier « Merci ! »

CANTIQUE

POUR LES PROCESSIONS AUX FLAMBEAUX

AIR : « *Quand vint sur terre* »

REFRAIN

Honneur, honneur,
Au sang rédempteur !

I

Quand dans son crime
L'homme tomba
De cet abîme
Dieu le sauva !

II

L'arrêt suprême
Nous perdait tous
Le Verbe même
Vint parmi nous !

III

Quittant le trône
De son beau ciel
Jésus se donne
Sur notre autel.

IV

Prêtre sublime
De notre loi,
Pure victime
Qui meurt pour moi !

V

Divine Hostie
Qui chaque jour
Se sacrifie
Dans son amour !

VI

Pour le coupable
C'est l'Innocent
Qui, secourable,
Verse son Sang.

VII

Dans l'agonie
Ce Sang divin
Ruisselle en pluie
Sur le jardin.

VIII

Dans le calice
Qu'il présentait,
En sacrifice
L'Ange s'offrait.

IX

Sur nos souillures
Il tombe aussi
Par les blessures
Du front meurtri,

X

Sous la lanière
Des noirs bourreaux
Lavant la terre
Il coule à flots.

XI

Ses larges gouttes
Au Golgotha
Marquent les routes
Où Dieu monta.

XII

Gouttes sacrées
Je vous reçois
Des mains percées
Du Christ en croix.

XIII

Au coup de lance
D'un dur soldat,
Ce Sang s'élance
Pour mon rachat.

XIV

Le Sang qui coule
D'un cœur si bon
Dans ses flots roule
Notre pardon.

XV

Ta Providence,
O mon Sauveur,
Fait à la France
Grande faveur.

XVI

Vois, ma patrie,
Vois quel bienfait
Sa main bénie
Te réservait.

XVII

Douce présence,
Ce Sang divin
Repose, ô France,
Là, sur ton sein !

XVIII

Sainte Relique,
Don précieux,
Trésor unique,
Digne des cieux.

XIX

Jean, au Calvaire,
Tu le reçus,
Avec la Mère
De mon Jésus !

XX

En Terre-Sainte
Eude arriva,
Tremblant de crainte,
Il le trouva.

XXI

Eude, la gloire
De ce Berry,
Témoin l'histoire,
L'offre à Neuvy,

XXII

La Basilique
Lui fait ici
Un magnifique
Et sûr abri.

XXIII

Les foules viennent
Prier toujours,
Et tous obtiennent
Grâce et secours.

XXIV

De notre France
Sang généreux
Sois l'espérance,
Comble ses vœux !

XXV

Défends l'Église
Contre l'erreur.
Que rien ne nuise
A sa ferveur !

XXVI

Bien loin du vice
Garde mon cœur,
Sois-moi propice
Sang du Sauveur !

TABLE DES MATIÈRES

LE PRÉCIEUX-SANG

DE NEUVY-SAINT-SÉPULCRE

BOURGES. — IMP. Vᵉ TARDY-PIGELET ET FILS.